学院

# 還ってきた夏に捧ぐ／とちぎ白球賛歌

新型コロナウイルスの感染拡大により、2年ぶりの開催となった全国高校野球選手権栃木大会。支えとなった仲間、家族、そして昨年、この舞台に立つことさえできなかった先輩たちの思いも含め、61校60チームの球児たちが大会に臨んだ。

延べ13日間の激戦を制したのは作新学院。2011年から10大会連続の優勝となった。ずば抜けた選手はいなかったが走攻守ともに鍛えられ、「夏の作新」の本領を発揮した。準優勝の佐野日大も投打に高い力を見せた。「打倒作新」で挑んだ今夏だったが、わずかの差で及ばなかった。宇都宮短大付は創部10年で初のベスト4。同じく4強入りの文星芸大付は決勝進出目前で涙をのんだが、振りの鋭さが印象的だった。公立勢も8強に食い込んだ石橋、鹿沼、那須拓陽の3校や、3回戦で作新学院と接戦を演じた小山などが存在感を示した。

一握りの勝者、そして数多くの敗者が生まれるのが競技スポーツの常。しかし、ひと夏に持てる力の全てを懸けた球児の姿は勝敗を超え、見るものすべての心を強く揺さぶった。

この先も高校野球が続くことを願って…。　とちぎ白球賛歌。

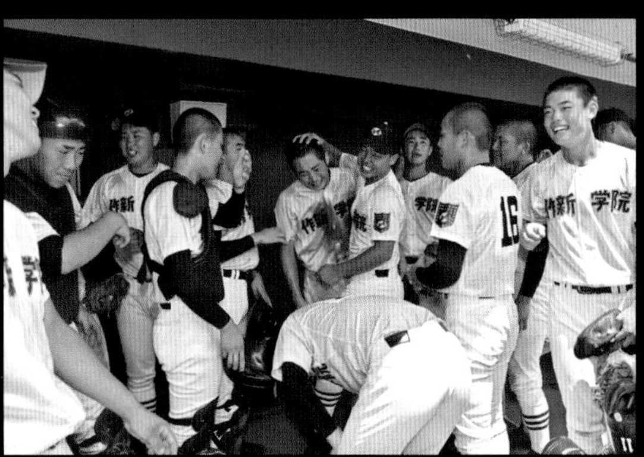

## 全国高校野球
# 栃木大会

ROAD TO "KOSHIEN"

# とちぎ白球賛歌 甲子園への軌跡 2021

# 佐野日大、夢まであと一歩

FINAL

決勝 （栃木県営球場）

| | | | | | | | | | | |
|---|---|---|---|---|---|---|---|---|---|---|
| 作新 | 0 | 0 | 2 | 0 | 0 | 0 | 1 | 0 | 0 | 3 |
| 佐野日大 | 1 | 0 | 0 | 0 | 1 | 0 | 0 | 0 | 0 | 2 |

▽本塁打　戎（作）
▽審判（球）印南（塁）松本、小澤、阿見（線）富永、笠井
▽試合時間　1時間54分

## 作新　代打策が的中、要所で堅守

作新学院が先制を許しながらも攻守の勝負どころで底力を見せ、佐野日大との息詰まる接戦を制した。作新学院は三回に先頭打者の渡辺が中前打。続く先発の井上に代わった代打の戎が5球目の変化球を捉え、右翼席へ運ぶ逆転の2点本塁打を放った。四回から六回までは走者を2人出すのみで好機をつくれず。七回に先頭打者の鈴木が死球で出塁。1死後に相場が中前打、2死になって代打小口が四球を選び満塁にすると、田代の3球目に暴投で三塁走者の鈴木が生還し再び勝ち越した。投げては3投手の継投で佐野日大打線を2点に封じた。今大会初先発の井上が2回1失点。2番手の林が4回1失点で投手戦に持ち込み、3番手の佐藤は3回を無失点に抑える力投を見せた。佐野日大は一回2死一、二塁から青木の中前適時打で先制。五回は四球と盗塁でつくった2死二塁で増山が左前適時打を放ち追い付いた。しかし、六回以降は打線がつながらず、九回無死一塁で一塁走者が痛恨の走塁死。3投手の継投で3失点に踏ん張った投手陣を援護しきれなかった。

# 作新 2年分の思いが結実

**作新 × 佐野日大**

| 【作新】 | | 打 | 得 | 安 | 点 | 振 | 球 | 犠 | 盗 | 失 | 残 |
|---|---|---|---|---|---|---|---|---|---|---|---|
| ⑧ | 田代 | 4 | 0 | 1 | 0 | 0 | 0 | 0 | 0 | 0 | 0 |
| ④ | 高久 | 4 | 0 | 2 | 0 | 1 | 0 | 0 | 0 | 0 | 1 |
| ⑤ | 大房 | 4 | 0 | 0 | 0 | 0 | 0 | 0 | 0 | 0 | 0 |
| ③ | 池澤 | 3 | 0 | 0 | 0 | 1 | 1 | 0 | 0 | 0 | 1 |
| ⑦ | 平塚 | 2 | 0 | 0 | 0 | 0 | 0 | 0 | 0 | 0 | 0 |
| 7 | 鈴木 | 1 | 1 | 0 | 0 | 1 | 1 | 0 | 0 | 0 | 0 |
| ⑨ | 相原 | 4 | 0 | 1 | 0 | 1 | 0 | 0 | 0 | 0 | 1 |
| ⑥ | 相場 | 4 | 0 | 2 | 0 | 0 | 0 | 0 | 0 | 0 | 2 |
| ② | 渡辺 | 3 | 1 | 1 | 0 | 0 | 0 | 1 | 0 | 0 | 0 |
| ① | 井上 | 0 | 0 | 0 | 0 | 0 | 0 | 0 | 0 | 0 | 0 |
| H | 戎 | 1 | 1 | 1 | 2 | 0 | 0 | 0 | 0 | 0 | 0 |
| 1 | 林 | 1 | 0 | 0 | 0 | 1 | 0 | 0 | 0 | 0 | 0 |
| H | 小口 | 0 | 0 | 0 | 0 | 0 | 1 | 0 | 0 | 0 | 0 |
| R | 柳田 | 0 | 0 | 0 | 0 | 0 | 0 | 0 | 0 | 0 | 1 |
| 1 | 佐藤 | 1 | 0 | 0 | 0 | 0 | 0 | 0 | 0 | 0 | 0 |
| | 計 | 32 | 3 | 8 | 2 | 5 | 3 | 1 | 0 | 0 | 6 |

| 【佐野日大】 | | 打 | 得 | 安 | 点 | 振 | 球 | 犠 | 盗 | 失 | 残 |
|---|---|---|---|---|---|---|---|---|---|---|---|
| ⑧ | 川崎 | 2 | 2 | 1 | 0 | 0 | 2 | 0 | 1 | 0 | 1 |
| ⑥ | 増山 | 2 | 0 | 1 | 1 | 1 | 0 | 2 | 1 | 0 | 1 |
| ⑦ | 大関 | 3 | 0 | 0 | 0 | 1 | 1 | 0 | 0 | 0 | 1 |
| ⑤ | 岡佐 | 4 | 0 | 1 | 0 | 0 | 0 | 0 | 0 | 0 | 1 |
| ③ | 青木 | 3 | 0 | 1 | 1 | 0 | 0 | 0 | 0 | 0 | 0 |
| 3 | 腰塚 | 1 | 0 | 0 | 0 | 0 | 0 | 0 | 0 | 0 | 0 |
| ⑨ | 丸山 | 3 | 0 | 1 | 0 | 0 | 1 | 0 | 0 | 0 | 1 |
| ④ | 狩野 | 2 | 0 | 0 | 0 | 0 | 0 | 0 | 0 | 0 | 0 |
| 4 | 古河 | 2 | 0 | 1 | 0 | 0 | 0 | 0 | 0 | 0 | 0 |
| ② | 残間 | 4 | 0 | 0 | 0 | 1 | 0 | 0 | 0 | 0 | 0 |
| ① | 鈴木 | 1 | 0 | 0 | 0 | 0 | 0 | 0 | 0 | 0 | 0 |
| 1 | 佐久間 | 0 | 0 | 0 | 0 | 1 | 0 | 0 | 0 | 0 | 0 |
| H | 早乙女 | 1 | 0 | 0 | 0 | 0 | 1 | 0 | 0 | 0 | 1 |
| 1 | 斎藤 | 0 | 0 | 0 | 0 | 0 | 0 | 0 | 0 | 0 | 0 |
| | 計 | 28 | 2 | 6 | 2 | 4 | 5 | 2 | 2 | 0 | 6 |

| 投手 | 回数 | 打者 | 被安 | 奪三 | 与球 | 失点 | 自責 | 球数 |
|---|---|---|---|---|---|---|---|---|
| 井上 | 2 | 9 | 2 | 0 | 1 | 1 | 1 | 27 |
| 林 | 4 | 15 | 1 | 2 | 3 | 1 | 1 | 51 |
| 佐藤 | 3 | 11 | 3 | 2 | 1 | 0 | 0 | 43 |
| 鈴木 | 3 | 12 | 4 | 2 | 0 | 2 | 2 | 34 |
| 佐久間 | 4 | 16 | 2 | 2 | 3 | 1 | 1 | 60 |
| 斎藤 | 2 | 8 | 2 | 1 | 0 | 0 | 0 | 15 |

# 「自分たちだけの夏じゃない」
# 作新ナイン 託された思い原動力に

マウンドに歓喜の輪ができる。校歌を歌い終え、「2年分の思い」を背負い戦ったナインが泣き笑い顔で駆け出した。2年越しの10大会連続優勝を果たした作新学院。田代健介主将は「自分たちだけの夏じゃないと言ってきた。その中で優勝できたことが一番うれしい」と破顔一笑した。

バッテリーを中心に強固な守りで粘り勝った。初回に先制されたが三回に勝ち越し。直後に登板した林拓希は大舞台でも「平常心で」最少失点で切り抜けた。

さらに後を受けた佐藤優成も最速143㎞の直球を軸に3回無失点。「緊迫した場面でも仲間が支えてくれた」と言うように、最終回に併殺を完成させた三塁手大房建斗らバックも無失策でもり立てた。

昨夏は新型コロナウイルス禍で大会が中止。失意の中、懸命に前を向いた当時の3年生の姿を一番近くで見てきたからこそ、「先輩たちの分まで」との思いが原動力になった。開幕前に届いた当時の3年生全員からのビデオメッセージも、白球を追うエネルギーになった。試合を重ねるごとに安定感を増しながら上り詰めたナイン。その姿を小針崇宏監督も「たくましさがあった」と称賛した。

試合後のインタビュー。先輩への思いを問われた田代主将は「恩返しできたと…」と言いかけ、やめた。「一番の恩返しは甲子園で校歌を歌う姿を見せることです」。その瞬間までナインは走り続ける。これまでより速く、力強く。

（小玉義敬）

SAKUSHIN GAKUIN

# 「切り札」が大仕事　努力でつかんだ甲子園切符
## 逆転2点本塁打の作新・戎

作新学院の「代打の切り札」が大仕事をやってのけた。1点を追う三回、無死一塁で代打戎響葵が逆転の2点本塁打。5球目の変化球を完璧に捉えたが、「本塁打かどうか分からないほど夢中だった」。その言葉通り、柵越えを確認することなくベースを回る姿はまさに仕事人だった。

幼なじみでもある佐野日大の主砲岡佐昌樹に誘われ、中学から野球を始めた。「周りは小学生からやっている。大きな差があった」というが、持ち前の野球センスと「ひたすら素振りをした」というひたむきな姿勢で強豪校の門をたたくまでに成長した。今大会で初めてベンチ入りし全て代打で出場。3打数3安打3打点と大活躍を見せた。

「下手くそと言われたこと、悔しくてバットを振り続けてきたこと。いろいろ思い出してしまって」。応援席に一礼すると最後は泣き崩れた。努力が実を結んでつかんだ甲子園への切符。「最後まで百発百中」と活躍を誓った。

（湯田大士）

# 作新学院「V10の軌跡」

今夏、前人未到の栃木大会10連覇を成し遂げた作新学院。
10回の優勝をたどるとともに、特に印象深い年をピックアップした。

**作新学院　V10の軌跡**

決勝

|  | |  | |
|---|---|---|---|
| ▽2011年 | 作新学院 | 17-5 | 宇都宮商 |
| ▽2012年 | 作新学院 | 3-1 | 宇都宮工 |
| ▽2013年 | 作新学院 | 3-2 | 青藍泰斗 |
| ▽2014年 | 作新学院 | 7-1 | 佐野日大 |
| ▽2015年 | 作新学院 | 9-2 | 国学院栃木 |
| ▽2016年 | 作新学院 | 15-6 | 国学院栃木 |
| ▽2017年 | 作新学院 | 15-1 | 国学院栃木 |
| ▽2018年 | 作新学院 | 2-0 | 白鷗大足利 |
| ▽2019年 | 作新学院 | 6-2 | 文星芸大付 |
| ▽2021年 | 作新学院 | 3-2 | 佐野日大 |

## 夏に絶対の強さ、凄み増す王者の風格

### 2011年　すべてはここから始まった

前年秋は準決勝敗退、春の県大会は準々決勝で姿を消しており、夏も決して不動の大本命ではなかった。それでも準々決勝までを危なげなく勝ち進むと、準決勝は5−3で文星芸大付との競り合いを制し勝利。迎えた決勝は猛打が爆発し宇都宮商に17−5で大勝、2年ぶり7回目の夏の甲子園出場を決めた。甲子園では1回戦で福井商（福井）に11−1で快勝。小針崇宏監督は甲子園初勝利となった。2回戦以降も強打で勝ち進み、準決勝で光星学院（青森、現・八戸学院光星）に0−5で敗れたものの春夏連覇の1962年以来、49年ぶりに夏4強入りを果たした。

### 2013年　土壇場からの逆転でV３

作新V10の歴史の中でも最も厳かった決勝と言えるのが、この2013年か。23年ぶりの甲子園出場に燃える青藍泰斗との決勝。三回に2点を先制され、1点は返したもののそのまま1点ビハインドで進み、迎えた九回表も2死無走者まで追い込まれた。しかし、ここから驚異的な粘りを見せる。死球と盗塁で好機を広げると、適時打でまず同点。さらに盗塁と適時打で奇跡の逆転劇を演じた。甲子園では3回戦で日大山形（山形）に2−5で敗れ、3年連続の8強入りはならなかった。

### 2014年　好投手擁する相手下す

4連覇を目指したこの年、最大の壁として立ちふさがるとみられたのが、同年春の甲子園ベスト4の立役者となった主戦左腕・田嶋大樹（現・オリックスバファローズ）擁する佐野日大だった。衆目の一致する所となった佐野日大との決勝は初回に1点を先制され、打線も田嶋の前に五回まで無得点に抑えられた。しかし六回、田嶋が肩の違和感で急きょ降板のアクシデント。佐野日大の救援陣を打ち込み六、七回の2イニングで大量7得点し試合をひっくり返した。甲子園では初戦の2回戦で沖縄尚学（沖縄）に1−3で敗れた。

### 2016年　今井覚醒、全国制覇へ

54年ぶりの夏の全国大会制覇というメモリアルイヤーとなった。主戦・今井達也（現・埼玉西武ライオンズ）は初戦の宇都宮戦で149㎞をマークし注目を集めた。最大の難関とみられた文星芸大付との準々決勝は相手の強打に苦しんだものの6−4で勝利。国学院栃木との決勝は打線が爆発し15−6と大勝した。甲子園では初戦の尽誠学園（香川）戦で今井が最速151㎞を記録し全国区の存在に。入江大生（現・DeNAベイスターズ）の3試合連続本塁打など強打も光った。決勝は北海（南北海道）に7−1で快勝し、全国の頂点に立った。

### 2019年　夏に本領発揮、未踏のV９

春の県大会は準々決勝で栃木工に1−3で敗れ、V9に暗雲が立ち込めた。しかし夏に本領を発揮するのが、もはや作新学院の真骨頂。2、3回戦をともにコールド勝ちすると、前年秋から県内公式戦無敗の佐野日大との準々決勝も猛打が爆発。強敵相手に15−5と、よもやの八回コールド勝ちとなった。準決勝は宇都宮商に7−4で勝利、決勝も文星芸大付に6−2で快勝した。甲子園では準々決勝で中京学院大中京（岐阜）に3−6で逆転負けしたが、全国制覇の2016年以来の8強入りを果たした。

# 決勝

ROAD TO “KOSHIEN”

# SANO NICHIDAI

## わずか…されど重かった1点差
## 「栃木の歴史を変える」再起誓う佐野日大

わずか1点差。されど重い1点差。夏の王者・作新学院が歓喜に浸る姿を、佐野日大の選手たちはただぼうぜんとベンチから見続けた。「負けるべくして負けました」。麦倉洋一監督は表情を変えることなく、潔く敗戦を受け入れた。

同じ過ちの1球だった。同点の七回、2番手で好投していた左腕佐久間結人が招いた2死満塁のピンチ。作新学院の1番打者田代健介に投じた3球目がホームベース手前で弾むと、ボールはバックネットまで一瞬で転がっていった。

「ツーシームがちょっと引っ掛かってしまった」とうなだれた佐久間。23日の準決勝、文星芸大付戦の六回に勝ち越しを許した暴投も同じ球種だった。「作新の大きな声援に自分の心が負けてしまった」。わずかな心の揺れが2年生の佐久間の手元を狂わせた。

再びボールを止められなかった捕手の残間海地は「頭の中で準備していたし、何とか止めたかった」。接戦を演じても作新学院の底力を思い知らされた結末。「こっちがミスをすればそこを徹底して突いてくる。その差だと思う」と絞り出した。

佐久間や先発の鈴木空ら2年生が躍動した今大会。「苦い大きな経験をどう生かせるか」と麦倉監督は視線を次へ向けた。佐久間も思いは同じ。「栃木の歴史を変えられるように頑張りたい」。新チームで分厚い壁を壊してみせる。

（星国典）

# 佐野日大 執念の逆転　文星付、重圧に押され涙

佐野日大が土壇場九回に試合をひっくり返し文星芸大付に逆転勝ち。終盤の勝負強さが命運を分けた。佐野日大は初回に川崎の中前打を足場に2死一、三塁の好機をつくり、5番青木の2点適時三塁打で先制。六回に逆転を許したが、九回1死から川崎の中前打と増山の犠打で2死二塁とし、3番大関、4番岡佐と中軸の連続適時二塁打で逆転に成功した。投手陣は先発の鈴木が5回2失点と粘り強く投げ抜き、六回以降は4人の小刻みな継投で1失点に抑え逆転劇を呼び込んだ。文星芸大付は2点を追う四回に福田が左越えに2点本塁打を放って同点。六回に相手暴投で勝ち越したが七回以降は打線が振るわず、八回無死一塁も犠打失敗と併殺で無得点。投手陣は先発戸田が5回2失点と力投し、六回からは江田が無失点と踏ん張ったが九回に逆転を許して力尽きた。

SEMI FINALS

## 佐野日大 × 文星付

準決勝　（栃木県営球場）

| | 1 | 2 | 3 | 4 | 5 | 6 | 7 | 8 | 9 | 計 |
|---|---|---|---|---|---|---|---|---|---|---|
| 佐野日大 | 2 | 0 | 0 | 0 | 0 | 0 | 0 | 0 | 2 | 4 |
| 文星付 | 0 | 0 | 0 | 2 | 0 | 1 | 0 | 0 | 0 | 3 |

▽本塁打　福田（文）　▽三塁打　青木（佐）　▽二塁打　大関、岡佐（佐）
▽併殺　佐1、文1　▽暴投　佐1（佐久間）　▽残塁　佐11、文5
▽審判　（球）市村（塁）石川雅、石崎、小林大　▽試合時間　2時間2分

| 【佐野日大】 | | 打 | 得 | 安 | 点 | 振 | 球 | 犠 | 投 | 失 |
|---|---|---|---|---|---|---|---|---|---|---|
| ⑧ | 川崎 | 3 | 2 | 2 | 0 | 0 | 2 | 0 | 0 | 0 |
| ⑥ | 増山 | 2 | 0 | 0 | 0 | 0 | 0 | 3 | 0 | 0 |
| ⑦ | 大関 | 4 | 2 | 3 | 1 | 0 | 1 | 0 | 0 | 0 |
| ⑤ | 岡佐 | 5 | 0 | 2 | 1 | 0 | 0 | 0 | 0 | 0 |
| ③ | 青木 | 2 | 0 | 1 | 2 | 0 | 0 | 0 | 0 | 0 |
| H3 | 腰塚 | 0 | 0 | 0 | 0 | 0 | 2 | 1 | 0 | 0 |
| ⑨ | 丸山 | 2 | 0 | 0 | 0 | 2 | 0 | 1 | 0 | 0 |
| H | 早乙女 | 1 | 0 | 0 | 0 | 0 | 0 | 0 | 0 | 0 |
| 9 | 大海 | 1 | 0 | 0 | 0 | 0 | 0 | 0 | 0 | 0 |
| ④ | 狩野 | 2 | 0 | 0 | 0 | 0 | 1 | 0 | 0 | 0 |
| H4 | 古河 | 0 | 0 | 0 | 0 | 0 | 1 | 0 | 0 | 0 |
| ② | 残間 | 4 | 0 | 0 | 0 | 1 | 0 | 0 | 0 | 0 |
| ① | 鈴木 | 2 | 0 | 0 | 0 | 1 | 0 | 0 | 0 | 0 |
| 1 | 佐久間 | 0 | 0 | 0 | 0 | 0 | 0 | 0 | 0 | 0 |
| 1 | 大門 | 1 | 0 | 0 | 0 | 0 | 0 | 0 | 0 | 0 |
| 1 | 斎藤 | 0 | 0 | 0 | 0 | 0 | 0 | 0 | 0 | 0 |
| H | 関口 | 1 | 0 | 0 | 0 | 0 | 0 | 0 | 0 | 0 |
| 1 | 畑 | 0 | 0 | 0 | 0 | 0 | 0 | 0 | 0 | 0 |
| | 計 | 30 | 4 | 8 | 4 | 4 | 7 | 5 | 0 | 0 |

| 【文星付】 | | 打 | 得 | 安 | 点 | 振 | 球 | 犠 | 投 | 失 |
|---|---|---|---|---|---|---|---|---|---|---|
| ⑧ | 君島 | 4 | 0 | 1 | 0 | 1 | 0 | 0 | 0 | 0 |
| ⑦ | 佐藤 | 3 | 0 | 0 | 0 | 0 | 1 | 0 | 0 | 0 |
| ⑤ | 沼井 | 4 | 1 | 3 | 0 | 1 | 0 | 0 | 0 | 1 |
| ② | 福田 | 4 | 2 | 1 | 2 | 1 | 0 | 0 | 0 | 0 |
| ⑨ | 下妻 | 4 | 0 | 1 | 0 | 2 | 0 | 0 | 0 | 0 |
| ⑥ | 長谷川 | 3 | 0 | 1 | 0 | 0 | 1 | 0 | 0 | 0 |
| ③ | 斎藤 | 2 | 0 | 0 | 0 | 1 | 0 | 0 | 0 | 0 |
| H3 | 雫 | 2 | 0 | 0 | 0 | 2 | 0 | 0 | 0 | 0 |
| ① | 戸田 | 1 | 0 | 0 | 0 | 0 | 0 | 0 | 0 | 0 |
| H | 若松 | 1 | 0 | 0 | 0 | 0 | 0 | 0 | 0 | 0 |
| 1 | 江田 | 2 | 0 | 0 | 0 | 0 | 0 | 0 | 0 | 0 |
| ④ | 曽我 | 3 | 0 | 0 | 0 | 1 | 0 | 0 | 0 | 0 |
| | 計 | 33 | 3 | 7 | 2 | 9 | 2 | 0 | 0 | 1 |

| 投手 | 回 | 打 | 安 | 振 | 球 | 失 | 自 | 投 |
|---|---|---|---|---|---|---|---|---|
| 鈴木 | 5 | 19 | 4 | 5 | 0 | 2 | 2 | 51 |
| 佐久間 | 2/3 | 5 | 2 | 0 | 1 | 1 | 1 | 19 |
| 大門 | 1 1/3 | 5 | 0 | 1 | 1 | 0 | 0 | 16 |
| 斎藤 | 1 | 2 | 0 | 1 | 0 | 0 | 0 | 11 |
| 畑 | 1 | 4 | 1 | 2 | 0 | 0 | 0 | 15 |
| 戸田 | 5 | 20 | 2 | 2 | 3 | 2 | 2 | 61 |
| 江田 | 4 | 22 | 6 | 2 | 4 | 2 | 2 | 81 |

# 作新「10連覇」に王手　宇短大付、あと一本が遠く

初回に先制した作新学院が主導権を最後まで渡さず、2試合連続の2桁安打で宇都宮短大付を退けた。作新学院は初回に池澤、相原の適時打で3点を先制。四回は2死走者無しから渡辺のソロ本塁打でリードを広げ、五回は池澤、相場の適時打で追加点を挙げ、試合を優位に進めた。先発の佐藤は初回、味方が先制した直後に1点を失ったが、二回以降は要所を締め5回1失点。六回以降は林が反撃を許さなかった。快進撃の勢いそのままぶつかった宇都宮短大付だったが、先発の主戦中村が甘く入ったスライダーを相手打線に捉えられて5回6失点。六回以降は小林、池沢の継投で無失点に抑えた。攻撃は先制された直後に伊藤の適時打で1点を返したがその後は1点が遠かった。三回以降4度先頭打者が出塁し、2度満塁の好機をつくったがあと一本が出なかった。

## SEMI FINALS
## 作新 × 宇短大付

| 準決勝 | （栃木県営球場） | | | | | | | | | 計 |
|---|---|---|---|---|---|---|---|---|---|---|
| 作新 | 3 | 0 | 0 | 1 | 2 | 0 | 0 | 0 | 0 | 6 |
| 宇短大付 | 1 | 0 | 0 | 0 | 0 | 0 | 0 | 0 | 0 | 1 |

▽本塁打　渡辺（作）　▽三塁打　森山（宇）
▽二塁打　高久、田代（作）竹谷、森山（宇）　▽併殺　宇2
▽暴投　作1（林）宇1（中村）　▽残塁　作8、宇13
▽審判　（球）野澤（塁）中井、渡辺、山田　▽試合時間　2時間14分

| 【作　新】 | | 打 | 得 | 安 | 点 | 振 | 球 | 犠 | 投 | 失 |
|---|---|---|---|---|---|---|---|---|---|---|
| ⑧ | 田　代 | 5 | 0 | 2 | 0 | 0 | 0 | 0 | 0 | 0 |
| ④ | 高　久 | 4 | 2 | 1 | 0 | 0 | 1 | 0 | 0 | 0 |
| ⑤ | 大　房 | 5 | 1 | 2 | 0 | 1 | 0 | 0 | 0 | 0 |
| ③ | 池　澤 | 5 | 1 | 2 | 2 | 0 | 0 | 0 | 0 | 0 |
| ⑦ | 平　塚 | 3 | 1 | 0 | 0 | 1 | 1 | 0 | 0 | 0 |
| 7 | 鈴　木 | 1 | 0 | 0 | 0 | 0 | 0 | 0 | 0 | 0 |
| ⑨ | 相　原 | 3 | 0 | 2 | 2 | 0 | 1 | 0 | 0 | 0 |
| ⑥ | 相　場 | 4 | 0 | 1 | 1 | 0 | 0 | 0 | 0 | 0 |
| ② | 渡　辺 | 4 | 1 | 2 | 1 | 0 | 0 | 0 | 0 | 0 |
| ① | 佐　藤 | 1 | 0 | 1 | 0 | 0 | 0 | 1 | 0 | 0 |
| H | 片　山 | 1 | 0 | 0 | 0 | 1 | 0 | 0 | 0 | 0 |
| 1 | 林 | 1 | 0 | 0 | 0 | 0 | 0 | 0 | 0 | 0 |
| | 計 | 37 | 6 | 13 | 6 | 3 | 3 | 1 | 0 | 0 |

| 【宇短大付】 | | 打 | 得 | 安 | 点 | 振 | 球 | 犠 | 投 | 失 |
|---|---|---|---|---|---|---|---|---|---|---|
| ③ | 鮎　田 | 3 | 0 | 1 | 0 | 0 | 2 | 0 | 0 | 1 |
| ⑦ | 森　山 | 4 | 1 | 2 | 0 | 0 | 1 | 0 | 0 | 1 |
| ⑥ | 竹　谷 | 4 | 0 | 1 | 0 | 1 | 1 | 0 | 0 | 0 |
| ⑤ | 福　田 | 4 | 0 | 1 | 0 | 0 | 1 | 0 | 0 | 0 |
| ② | 伊　藤 | 5 | 0 | 2 | 1 | 2 | 0 | 0 | 0 | 0 |
| ④1 | 池　沢 | 4 | 0 | 0 | 0 | 3 | 0 | 0 | 0 | 0 |
| ⑧ | 佐藤颯 | 4 | 0 | 2 | 0 | 1 | 0 | 0 | 0 | 0 |
| ⑨ | 箕　輪 | 3 | 0 | 1 | 0 | 2 | 0 | 1 | 0 | 0 |
| ① | 中　村 | 2 | 0 | 0 | 0 | 0 | 0 | 0 | 0 | 0 |
| 1 | 小　林 | 1 | 0 | 0 | 0 | 1 | 0 | 0 | 0 | 0 |
| H | 須　藤 | 1 | 0 | 0 | 0 | 0 | 0 | 0 | 0 | 0 |
| 4 | 北　原 | 0 | 0 | 0 | 0 | 0 | 0 | 0 | 0 | 0 |
| | 計 | 35 | 1 | 10 | 1 | 10 | 5 | 1 | 0 | 2 |

| 投　手 | 回 | 打 | 安 | 振 | 球 | 失 | 自 | 投 |
|---|---|---|---|---|---|---|---|---|
| 佐　藤 | 5 | 24 | 7 | 5 | 3 | 1 | 1 | 81 |
| 林 | 4 | 17 | 3 | 5 | 2 | 0 | 0 | 57 |
| 中　村 | 5 | 26 | 11 | 0 | 2 | 6 | 4 | 74 |
| 小　林 | 3 | 12 | 2 | 3 | 1 | 0 | 0 | 45 |
| 池　沢 | 1 | 3 | 0 | 0 | 0 | 0 | 0 | 9 |

# 佐野日大

BUNSEI GEIDAI FUZOKU

## 3兄弟で目指した甲子園
## 文星付・佐藤主将

ベンチ前で相手の校歌を聴きながら、さまざまな思いが脳裏を駆け巡った。ベンチから外れた3年生たち、愛情を注いでくれた監督、そして、3兄弟で目指した甲子園への思いも——。文星芸大付の主将佐藤真也にとって、近いようで遠い甲子園。手中に収めかけた〝最終関門〟への切符は、九回2死からこぼれ落ちた。

3兄弟の末っ子。小学2年で野球を始めたのは、三つ上の兄公毅さん、一つ上の浩之さんの影響が大きかった。

高校は公毅さんが文星芸大付、浩之さんは佐野日大へ進み、共に主将を務めた。その姿を見て弟も甲子園は自然と意識した。「熱い野球をする」文星芸大付に進み、夏の県制覇を目指したのも当然の流れだった。

主将に就いた昨秋以降、チームは結果を残せずにいた。だからこそ夏に懸ける思いも強いものに。「兄弟の中でラストチャンスだから」。兄たちの思いも背負って白球を追った。

準決勝前、兄たちから連絡を受け闘志をかき立てられた。「悔いなくやり切れ」（公毅さん）、「相手は自分の母校だけど、お前を応援してるから」（浩之さん）。最後まで全力を尽くしたが及ばなかった。

試合後は気丈に振る舞った。「下を向く姿は見せたくなかった」。主将として最後まで役割を全うする三男の姿にスタンドから見守った父克彦さんも「この経験を忘れずに次の舞台で役立ててほしい」とエールを送った。

悔しい敗戦の日は次のステージに向けた再出発の日。大学で野球を続ける兄の姿を追って再び一歩を踏み出す。培った経験を財産にして。

（小玉義敬）

# 準決勝

## SANO NICHIDAI

## 諦めない心で信頼に応える 九回2死から快打の 佐野日大・大関と岡佐

土壇場で自慢の打線が快音を響かせた。1点ビハインドの試合を最終回、2連続二塁打でひっくり返した佐野日大。勝ち越しの一打を放った主砲岡佐昌樹は「厳しい戦いで負けることも頭によぎったが、諦めなかったことが結果につながった」と胸を張った。

1点を追う九回1死一塁。麦倉洋一監督は「大関（日和）と岡佐を信じる」と送りバントを選択。2死二塁をつくったところで、大関が「多投していた直球を狙った」と外寄りの球を左中間にはじき返した。続く岡佐は初球を捉えて左越えの二塁打。「（スタンドからの）拍手で逆転を確信した。鳥肌が止まらなかった」

春の県大会前に指揮官から中軸を任された2人だが、今大会は準々決勝までの4試合で大関は打率2割8分6厘、岡佐も1割5分4厘と結果が出ていなかった。

準決勝前日の全体練習後もティー打撃などで振り込み、2人は「ここからは自分たちがチームを引っ張る」と決意。その強い思いは、早速この日のピンチを救った。麦倉監督も「責任や自覚を持たせるつもりで中軸から外さなかった」と納得の出来だった。

11年ぶりの全国切符をつかむため、最後に立ちはだかるのは作新学院。岡佐は「相手が誰だろうと打つのが仕事」ときっぱり。磨いてきた打力を最大限発揮し、王者を倒すつもりだ。

（平井星）

# 文星付

# 作新学院

UTSUNOMIYA TANDAI FUZOKU

## ファンの記憶に残る「挑戦者」初の4強果たした宇短大付

初の決勝進出を目指し、力を尽くした宇都宮短大付。作新学院に力負けしたが「この子たちは一生懸命、よくやってくれた」。増田清監督はすがすがしい表情を見せた。

3点を追う初回、森山瑛介が右翼線への三塁打で出ると、伊藤晴稀が三遊間を抜ける左前適時打。初めて立った準決勝の舞台でも物怖じしなかったが、その後は1点が遠かった。

三回、竹谷侑磨の二塁打から2死満塁としたが、池澤留依は4球続けての変化球に翻弄され、空振り三振。第1打席は130キロ後半の直球で三ゴロに仕留められただけに「うまくやられた」と打ち気をそらされた。

相手投手が代わった六回は、短打と二つの死球で再び2死満塁。打席の竹谷は「打とう、打とうと力んでしまった」と甘く入った変化球を詰まらせてセンターフライ。「詰めの甘さが相手との差」。チームは10安打を放つが1得点、13残塁とあと1本が出なかった。

春の県大会は初戦でよもやの敗退。指揮官が繰り返す「チャレンジャー精神」を体現するように、ノーシードから創部初の4強まで駆け上がった。

「自分たちらしく、最後まで楽しんだ」と夏の戦いを振り返る福田航主将。歴史を塗り替えた姿は、多くのファンの目に焼き付けられた。

（田井伎）

SAKUSHIN GAKUIN

# 4番の責任、好機で快音
# 作新の池澤

## 準決勝

作新学院の4番打者は何をすべきか。池澤皓平がその答えを出した。初回の先制点、五回の追加点。「チャンスで1本を打ち、チームを勝たせる選手」と自ら語った通り、2安打2打点で12大会連続の決勝進出へ導いた。

初回2死三塁。宇都宮短大付の2年生エース中村拓馬の出はなをくじいた。「直球に自信があると聞いていたので、来ると思った」。2球目、内角高めの甘いコースに入ってきた直球を逆らわずレフトへはじき返した。

五回も迷いは無かった。3点リードの無死一、三塁。今度は直球をライトへ運んだ。「前の回に1点入ったけど、それで止めたらいけない」。長打にこだわることなく、名門の伝統を受け継ぐ一員としてシンプルに結果を出した。

昨秋は背番号3を背負ったが、今春から13。数字は重くなったが、小針崇宏監督は池澤の復調を見逃さなかった。「1人で練習できるし、個人の強さ、勝負強さがある」。3回戦の小山戦から4番を任され、12打数5安打と重責を十分に果たしてきた。

頂点への思いも受け継いでいる。昨夏、3年生の自主練習を手伝い、心折れることなく取り組んでいた姿勢に池澤は心を震わせた。「昨年戦えなかった3年生の思いも背負って甲子園へ行く」。あと1勝の重みを力に変えて、決勝もバットを振り切る。

（星国典）

宇短大付

# 宇短大付進撃 初の4強　石橋打線、好機生かせず

宇都宮短大付が好機で確実に加点し、石橋との一戦を制した。宇都宮短大付は六回に池沢の2点適時三塁打などで3点を奪うと、七回にも2点を追加。走者を出した場面での勝負強さが光り、7安打ながら効率よく得点を奪った。投げては先発中村が内外を丁寧に突いた直球で要所を締め完封した。石橋は先発篠崎が序盤は好調で凡打の山を築いたが、六、七回に相手打線につかまった。打線も四回、満塁の好機を生かせず1点が遠かった。

QUARTER FINALS

## 宇短大付 × 石 橋

| 準々決勝 | （清原球場） | | | | | | | | | 計 |
|---|---|---|---|---|---|---|---|---|---|---|
| 宇短大付 | 0 | 0 | 0 | 0 | 0 | 3 | 2 | 0 | 0 | 5 |
| 石　橋 | 0 | 0 | 0 | 0 | 0 | 0 | 0 | 0 | 0 | 0 |

▽三塁打　池沢（宇）　▽二塁打　鮎田（宇）
▽盗塁　石1　▽失策　石2　▽暴投　宇1（中村）
▽ボーク　石1（篠崎）　▽守妨　石1（石崎）
▽審判　（球）松本（塁）山田、古澤、平田
▽試合時間　2時間10分

| 【宇短大付】 | | 打 | 安 | 点 |
|---|---|---|---|---|
| ③ | 鮎　田 | 5 | 3 | 1 |
| ⑦ | 森　山 | 3 | 0 | 0 |
| ⑥ | 竹　谷 | 3 | 1 | 1 |
| ⑤ | 福　田 | 4 | 0 | 0 |
| ② | 伊　藤 | 4 | 1 | 1 |
| ④ | 池　沢 | 3 | 1 | 2 |
| ⑧ | 佐藤颯 | 4 | 0 | 0 |
| ⑨ | 箕　輪 | 4 | 1 | 0 |
| ① | 中　村 | 3 | 0 | 0 |

| 振 | 球 | 犠 | 併 | 残 | 打 | 安 | 点 |
|---|---|---|---|---|---|---|---|
| 1 | 1 | 3 | 2 | 5 | 33 | 7 | 5 |

| 【石　橋】 | | 打 | 安 | 点 |
|---|---|---|---|---|
| ⑦ | 笹　川 | 4 | 1 | 0 |
| ⑥ | 斎　藤 | 4 | 0 | 0 |
| ② | 小　林 | 4 | 1 | 0 |
| ⑧ | 深　澤 | 4 | 1 | 0 |
| ⑤ | 石　崎 | 3 | 2 | 0 |
| ⑨ | 石　川 | 3 | 1 | 0 |
| ③1 | 曽　雌 | 4 | 1 | 0 |
| ④ | 小　口 | 3 | 1 | 0 |
| H | 森　田 | 1 | 0 | 0 |
| ① | 篠　崎 | 2 | 0 | 0 |
| 1 | 亀　井 | 0 | 0 | 0 |
| H3 | 藤　巻 | 0 | 0 | 0 |

| 振 | 球 | 犠 | 併 | 残 | 打 | 安 | 点 |
|---|---|---|---|---|---|---|---|
| 9 | 3 | 0 | 0 | 8 | 32 | 8 | 0 |

| 投手 | 回 | 打 | 安 | 失 |
|---|---|---|---|---|
| 中　村 | 9 | 35 | 8 | 0 |
| 篠　崎 | 6 1/3 | 28 | 6 | 5 |
| 亀　井 | 2/3 | 3 | 1 | 0 |
| 曽　雌 | 2 | 6 | 0 | 0 |

## UTSUNOMIYA TANDAI FUZOKU

## 宇短大付
## 創部10周年「まだ挑戦者」

〝後発の私立〟の実力はもはや疑いようがない。今年、創部10周年の宇都宮短大付が初のベスト4に進出。同じく4強に残った強豪私立に肩を並べたが、増田清監督は「まだチャレンジャーの立場」と表情を引き締めた。

主戦中村拓馬がゼロ行進で奮闘する一方、打線は相手右腕のサイドスローに苦戦。シュート気味の直球を軸に、テンポ良く打たせて取る投球に付き合い続け、五回まで1安打と沈黙した。

風穴を開けたのは、六回。先頭の鮎田拓実の左前打から1死一、二塁とすると、主砲の福田航が凡退。それでも「(福田が)取り残したのを回収するのが自分の仕事」と5番の伊藤晴稀は冷静だった。

第1、2打席は変化球で体勢を崩されただけに「自分のスイングをしよう」。高めの初球を迷わず振り抜き、値千金の先制打で流れを引き込んだ。

「ここだ」と続く6番池沢留依も勝機を逃さない。狙っていた直球を、右翼線へ得意の流し打ち。一、二走をホームに返すと、三塁ベース上で両手をたたいて喜ぶ。「拓馬を助けられた」。同じ2年生の中村の力投に、バットで応えた。

次戦は、昨秋の県大会準々決勝で敗れた作新学院と相まみえる。伊藤は「甲子園にいくには作新にも勝たないと」。アニバーサリーイヤーの快進撃は、まだまだ終わらない。(田井伎)

準々決勝

## ISHIBASHI

## 石　橋
## 「対策」も57年ぶり4強ならず

勝てば57年ぶりの4強進出だったが、石橋は宇都宮短大付の中村拓馬を打ち崩すことができなかった。福田博之監督は「対策はしてきたが、相手が上回ってきた」と勝者に賛辞を贈った。

石橋は主戦篠崎晃成が先発。両チームのエースが好投し、投手戦の展開だった。その中で石橋は四回に1死満塁の好機をつくるが、後続が倒れ1点を奪えず。「勝負の分かれ目だった」。小林到主将も唇をかんだ。

それでも「最後まで全力を出せた、後悔はない」と小林主将。「『公立から甲子園』の夢は後輩たちに託したい」と球場を後にした。

# 佐野日大 冷や汗　鹿沼 同点機逃す

QUARTER FINALS

## 佐野日大 × 鹿 沼

佐野日大は継投策がはまり、鹿沼との投手戦を1点差で制した。佐野日大は先発の畑が力強い直球を軸に、4回を無失点。五回から登板した大門は七回に1失点したが低めを丁寧に突き、要所を三振で締めた。打線は七回、残間の適時三塁打で先制。続く狩野の適時二塁打が決勝点となった。鹿沼は先発の露久保が六回まで被安打3、無失点と好投。七回に2点を奪われたが、2番手の大竹が追加点を許さなかった。打線は八回、2死三塁とチャンスをつくったが1本がでなかった。

準々決勝 （清原球場）

| | 1 | 2 | 3 | 4 | 5 | 6 | 7 | 8 | 9 | 計 |
|---|---|---|---|---|---|---|---|---|---|---|
| 佐野日大 | 0 | 0 | 0 | 0 | 0 | 0 | 2 | 0 | 0 | 2 |
| 鹿　沼 | 0 | 0 | 0 | 0 | 0 | 0 | 1 | 0 | 0 | 1 |

▽三塁打　残間（佐）　中山（鹿）　▽二塁打　狩野、川崎（佐）
▽盗塁　佐2　▽野選　鹿1（大竹）　▽暴投　佐2（畑、大門）
▽審判　（球）大山（塁）木村泰、秋元篤、市村　▽試合時間　1時間58分

| | 【佐野日大】 | 打 | 安 | 点 |
|---|---|---|---|---|
| ⑧ | 川　崎 | 4 | 1 | 0 |
| ⑥ | 増　山 | 2 | 0 | 0 |
| ⑦ | 大　関 | 4 | 0 | 0 |
| ⑤ | 岡　佐 | 4 | 1 | 0 |
| ③ | 青　木 | 2 | 0 | 0 |
| 3 | 腰　塚 | 1 | 1 | 0 |
| ⑨ | 丸　山 | 3 | 1 | 0 |
| ② | 残　間 | 4 | 1 | 1 |
| ④ | 狩　野 | 3 | 3 | 1 |
| 4 | 古　河 | 1 | 0 | 0 |
| ① | 畑 | 0 | 0 | 0 |
| H | 早乙女 | 1 | 0 | 0 |
| 1 | 大　門 | 1 | 0 | 0 |
| 1 | 鈴　木 | 0 | 0 | 0 |

| 振 | 球 | 犠 | 併 | 残 | 打 | 安 | 点 |
|---|---|---|---|---|---|---|---|
| 2 | 1 | 4 | 0 | 6 | 30 | 8 | 2 |

| | 【鹿　沼】 | 打 | 安 | 点 |
|---|---|---|---|---|
| ⑨ | 渡辺周 | 4 | 0 | 0 |
| ⑦ | 渡辺翔 | 2 | 0 | 0 |
| 7 | 吉　岡 | 1 | 0 | 0 |
| ③ | 川　俣 | 3 | 0 | 0 |
| ⑧1 | 大　竹 | 4 | 2 | 0 |
| ④ | 中　山 | 4 | 2 | 0 |
| ② | 高　橋 | 4 | 0 | 1 |
| ①8 | 露久保 | 3 | 0 | 0 |
| ⑤ | 大　島 | 3 | 1 | 0 |
| ⑥ | 斎　藤 | 3 | 0 | 0 |

| 振 | 球 | 犠 | 併 | 残 | 打 | 安 | 点 |
|---|---|---|---|---|---|---|---|
| 10 | 2 | 0 | 1 | 5 | 31 | 5 | 1 |

| 投手 | 回 | 打 | 安 | 失 |
|---|---|---|---|---|
| 畑 | 4 | 15 | 2 | 0 |
| 大　門 | 4 1/3 | 16 | 3 | 1 |
| 鈴　木 | 2/3 | 2 | 0 | 0 |
| 露久保 | 6 2/3 | 26 | 6 | 2 |
| 大　竹 | 2 1/3 | 9 | 2 | 0 |

# 作新打線ついに覚醒　コールドで那須拓陽下す

大会序盤は低調だった作新学院打線が13安打で10得点とついに目覚めた。作新学院は二回2死走者なしから相原、相場、渡辺の3連打で先制。三回にも高久、大房の連続長短打などで無死満塁の好機をつくり、平塚の中前適時打などでさらに3点追加。以降も効果的に加点し大差を付けた。先発の林もテンポの良い投球で6回無失点と付け入る隙を与えなかった。那須拓陽は大黒柱の右腕佐藤が4回4失点で降板。後を受けた3投手も相手の猛打を食い止められなかった。

準々決勝　(清原球場)

| | | | | | | | 計 |
|---|---|---|---|---|---|---|---|
| 那須拓陽 | 0 | 0 | 0 | 0 | 0 | 0 | 0 |
| 作　新 | 0 | 1 | 3 | 0 | 3 | 3× | 10 |

▽三塁打　平塚(作)　▽二塁打　大房、田代(作)　(六回コールド)
▽失策　那1、作1▽審判　(球)印南(塁)新里、舩越、阿見
▽試合時間　1時間21分

| 【那須拓陽】 | | 打 | 安 | 点 |
|---|---|---|---|---|
| ⑦ | 畠　山 | 3 | 1 | 0 |
| ⑧ | 国　井 | 3 | 1 | 0 |
| ② | 鈴　木 | 3 | 1 | 0 |
| ⑥ | 仲　野 | 3 | 0 | 0 |
| ③ | 土　橋 | 2 | 0 | 0 |
| ⑨ | 小　川 | 2 | 0 | 0 |
| ④ | 薄井翔 | 2 | 0 | 0 |
| ⑤ | 前　田 | 2 | 0 | 0 |
| ① | 佐　藤 | 1 | 0 | 0 |
| H | 八月朔日 | 1 | 0 | 0 |
| 1 | 阿久津 | 0 | 0 | 0 |
| 1 | 人　見 | 0 | 0 | 0 |
| 1 | 礒 | 0 | 0 | 0 |

| 振 | 球 | 犠 | 併 | 残 | 打 | 安 | 点 |
|---|---|---|---|---|---|---|---|
| 1 | 0 | 0 | 1 | 4 | 22 | 3 | 0 |

QUARTER FINALS　那須拓陽 × 作新

| 【作　新】 | | 打 | 安 | 点 |
|---|---|---|---|---|
| ⑧ | 田　代 | 4 | 2 | 0 |
| 7 | 鈴　木 | 0 | 0 | 0 |
| ④ | 高　久 | 3 | 1 | 0 |
| ⑤ | 大　房 | 4 | 1 | 0 |
| ③ | 池　澤 | 2 | 1 | 0 |
| R | 柳　田 | 0 | 0 | 0 |
| ⑦9 | 平　塚 | 3 | 2 | 4 |
| ⑨8 | 相　原 | 3 | 2 | 1 |
| H | 小　口 | 0 | 0 | 0 |
| ⑥ | 相　場 | 3 | 1 | 1 |
| ② | 渡　辺 | 3 | 1 | 1 |
| H | 戎 | 1 | 1 | 1 |
| ① | 林 | 2 | 1 | 1 |

| 振 | 球 | 犠 | 併 | 残 | 打 | 安 | 点 |
|---|---|---|---|---|---|---|---|
| 0 | 7 | 0 | 0 | 9 | 28 | 13 | 9 |

| 投　手 | 回 | 打 | 安 | 失 |
|---|---|---|---|---|
| 佐　藤 | 4 | 21 | 8 | 4 |
| 阿久津 | 0/3 | 2 | 0 | 2 |
| 人　見 | 1 | 6 | 2 | 2 |
| 礒 | 1/3 | 6 | 3 | 2 |
| 林 | 6 | 22 | 3 | 0 |

# 文星付 延長十回に意地　白鷗足利 終盤逸機響く

## 文星付 × 白鷗足利

| 準々決勝 (栃木県営球場) | | | | | | | | | | | 計 |
|---|---|---|---|---|---|---|---|---|---|---|---|
| 文星付 | 0 | 0 | 0 | 0 | 0 | 0 | 0 | 0 | 0 | 5 | 5 |
| 白鷗足利 | 0 | 0 | 0 | 0 | 0 | 0 | 0 | 0 | 0 | 0 | 0 |

(延長十回)

▽三塁打　君島(文)　▽二塁打　福田(文)
▽失策　文1、白2　▽野選　白1(吉沢)
▽審判　(球)石川雅(塁)小林大、岩上、礒　▽試合時間　2時間35分

悪い流れの中で踏みとどまった文星芸大付が接戦を制した。文星芸大付は初回無死三塁、二回無死満塁の好機で無得点に終わるなど拙攻続き。それでも今大会初登板の入江が多彩な変化球を駆使し九回途中無失点と踏ん張り、流れを相手に渡さなかった。打線は延長十回1死満塁から下妻、長谷川の連続適時打などで一挙5点を奪い試合を決めた。白鷗大足利は終盤の逸機が痛かった。十回は好投を続けてきた左腕吉沢に疲労の色が見え、後を受けた中沢も相手の勢いを止められなかった。

QUARTER FINALS

| 【文星付】 | | 打 | 安 | 点 |
|---|---|---|---|---|
| ⑧ | 君　島 | 5 | 3 | 0 |
| ⑦ | 佐　藤 | 3 | 0 | 0 |
| ⑤ | 沼　井 | 5 | 2 | 0 |
| ② | 福　田 | 3 | 1 | 0 |
| ⑨ | 下　妻 | 5 | 1 | 2 |
| ⑥ | 長谷川 | 4 | 2 | 1 |
| ③ | 斎　藤 | 2 | 0 | 0 |
| H3 | 雫 | 2 | 0 | 0 |
| ① | 入　江 | 3 | 0 | 0 |
| 1 | 江　田 | 1 | 1 | 1 |
| ④ | 曽　我 | 3 | 1 | 0 |

| 振 | 球 | 犠 | 併 | 残 | 打 | 安 | 点 |
|---|---|---|---|---|---|---|---|
| 5 | 5 | 3 | 0 | 9 | 36 | 11 | 4 |

| 【白鷗足利】 | | 打 | 安 | 点 |
|---|---|---|---|---|
| ⑨ | 大　澤 | 5 | 1 | 0 |
| ⑧ | 吉　澤 | 4 | 0 | 0 |
| ④ | 礒 | 4 | 0 | 0 |
| ⑦ | 高　橋 | 2 | 0 | 0 |
| ② | 石　丸 | 3 | 1 | 0 |
| ⑥ | 茂　木 | 4 | 1 | 0 |
| ③ | 松　崎 | 4 | 0 | 0 |
| ⑤ | 柴　田 | 4 | 0 | 0 |
| ① | 吉　沢 | 3 | 1 | 0 |
| 1 | 中　沢 | 0 | 0 | 0 |
| H | 増　田 | 1 | 1 | 0 |

| 振 | 球 | 犠 | 併 | 残 | 打 | 安 | 点 |
|---|---|---|---|---|---|---|---|
| 7 | 2 | 1 | 1 | 7 | 34 | 4 | 0 |

| 投手 | 回 | 打 | 安 | 失 |
|---|---|---|---|---|
| 入　江 | 8 1/3 | 32 | 4 | 0 |
| 江　田 | 1 2/3 | 5 | 0 | 0 |
| 吉　沢 | 9 1/3 | 38 | 7 | 1 |
| 中　沢 | 2/3 | 6 | 4 | 4 |

# 準々決勝

## BUNSEI GEIDAI FUZOKU

## 文星付・下妻聡輔 満塁策に発奮、決勝打

強豪の5番に座るプライドが息詰まる投手戦に終止符を打たせた。ゼロ行進の均衡を破る2点適時打を放った文星芸大付の下妻聡輔は「意地を見せられた」と誇った。

延長十回1死一、三塁で前打者の敬遠に「絶対打つ」と燃えた。前打席まで4打数無安打も「毎試合1本は出ていた」と気負いは無い。狙ったのは相手右腕の速球。しかし、1ボールから2球連続空振りで簡単に追い込まれてしまった。

ただ、ここから成長の証しを見せた。冬の間「誰よりも振り込んだ」ことでボールを見極められるようになり、それまで散見された低めの変化球に手を出す悪癖が改善。4球目の低めの変化球、続く139キロの直球を自信を持って見送った。

その後も集中は切れない。外角球をファウルにして迎えた7球目。直球に振り負けず右前へ適時打。2者の生還を一塁ベース上で見届け、右拳を高々と突き上げた。

この試合、同じく文星芸大付に所属した3歳上の兄慎太郎さんの存在が下妻の思いを強くさせた。2018年の夏の準々決勝、文星芸大付の前に立ちはだかったのは同じ白鷗大足利。「準決勝は応援に行くからな」。吉報を待つ兄の分まで負けられなかった。

兄を越えた先にあるのは14年ぶりの頂。「あと二つ。相手は手ごわいが自分のバッティングで勝利に導きたい」と誓った下妻。歓喜で大会を締める準備はできている。（小玉義敬）

## HAKUOHDAI ASHIKAGA

## 白鷗足利 正念場で継投力尽く

鉄壁だった白鷗大足利の投手陣が、正念場で崩れた。延長十回1死二塁から、2番手のマウンドに上がった白鷗大足利の中沢匠磨が文星芸大付打線にのみ込まれ5失点。「真っ向勝負したけど、自分の力が足りなかった」と完敗を認めた。

盤石の継投のはずだった。今大会3試合全て先発の吉沢隆太郎が要所を締めた力投。初回の無死三塁、二回の無死満塁の大ピンチを切り抜けると、四回から六回までは三者凡退。今大会初戦から続くチームの無失点を延ばした。

歯車が狂い始めたのは七回。吉沢の両脚がつり始めた。「影響は無かった」と言い訳はしなかったが、七回以降は毎回走者を出した。その苦境でも頭の中は沈着冷静。この一戦から解禁した鋭く落ちるスプリットを効果的に使い、九回まで0を並べた。

「十回の頭の交代も考えたが、エースに任せた」。藤田慎二監督も迷った継投のタイミング。ピンチを招いて降板した吉沢も「中沢なら大丈夫だと思った」と主将に後を託したが、132球の力投は準決勝へつながらなかった。

「悔いは残るけど、やり切った割合の方が大きい」と目を見開いた中沢。吉沢も「勝てなかったけど、2年半やり切れた」と涙を拭った。県内屈指の投手陣を築いても遠かった甲子園。苦い思いを抱きつつ、歩んできた道のりを今後の財産にしていく。（星国典）

# 幸福 × 鹿沼

| 【幸福】 | | 打 | 安 | 点 |
|---|---|---|---|---|
| ⑥ | 右田 | 4 | 1 | 0 |
| ⑧ | 阿部 | 4 | 1 | 0 |
| ② | 津崎 | 3 | 1 | 0 |
| ① | 阿座上 | 4 | 3 | 2 |
| ⑤ | 蓑輪 | 2 | 1 | 1 |
| ③ | 清家 | 3 | 1 | 2 |
| ④ | 大島 | 3 | 2 | 1 |
| ⑨ | 佐野 | 3 | 0 | 0 |
| ⑦ | 行木 | 3 | 0 | 0 |

| 振 | 球 | 犠 | 併 | 残 | 打 | 安 | 点 |
|---|---|---|---|---|---|---|---|
| 6 | 3 | 1 | 0 | 6 | 29 | 10 | 6 |

| 【鹿沼】 | | 打 | 安 | 点 |
|---|---|---|---|---|
| ⑨ | 渡辺周 | 2 | 0 | 0 |
| ⑦ | 渡辺翔 | 3 | 1 | 0 |
| 7 | 吉岡 | 0 | 0 | 0 |
| ③ | 川俣 | 4 | 1 | 1 |
| ① | 大竹 | 4 | 2 | 1 |
| ④ | 中山 | 3 | 1 | 1 |
| ② | 高橋 | 3 | 1 | 3 |
| ⑧ | 露久保 | 3 | 0 | 0 |
| ⑤ | 大島 | 3 | 0 | 0 |
| ⑥ | 斎藤 | 3 | 1 | 0 |

| 振 | 球 | 犠 | 併 | 残 | 打 | 安 | 点 |
|---|---|---|---|---|---|---|---|
| 3 | 8 | 0 | 0 | 3 | 28 | 7 | 6 |

## 鹿沼躍進　42年ぶり8強
## 幸福の快進撃止まる

鹿沼が大量得点で幸福の科学学園を下した。鹿沼のエース大竹は初回に3点を失うが、要所を締め走者を背負っても粘り強く投げた。打線は初回に高橋の3点ランニング本塁打などを含む猛攻で一挙4点を奪い逆転。その後も相手失策や四死球にうまく安打を絡めた。幸福の科学学園は鹿沼を上回る10安打を放ったが、4失策と守備が乱れ、加点をしても突き放される厳しい展開が続いた。主戦阿座上は制球が定まらず、失点を止められなかった。

| 投手 | 回 | 打 | 安 | 失 |
|---|---|---|---|---|
| 阿座上 | 6 2/3 | 36 | 7 | 13 |
| 大竹 | 7 | 33 | 10 | 6 |

3回戦（清原球場）

| | | | | | | | | 計 |
|---|---|---|---|---|---|---|---|---|
| 幸福 | 3 | 0 | 0 | 0 | 0 | 2 | 1 | 6 |
| 鹿沼 | 4 | 2 | 0 | 1 | 2 | 2 | 2× | 13 |

（七回コールド）

▽本塁打　高橋、川俣（鹿）　▽三塁打　斎藤（鹿）　▽二塁打　阿座上、大島（幸）渡辺翔（鹿）
▽盗塁　鹿3　▽失策　幸4　▽捕逸　幸1（津崎）、鹿1（高橋）　▽暴投　幸2（阿座上）
▽ボーク　幸1（阿座上）　▽審判　（球）山田（塁）印南、寺田、神山　▽試合時間　1時間54分

# 文星付 × 真岡

| 【文星付】 | | 打 | 安 | 点 |
|---|---|---|---|---|
| ⑧ | 君島 | 3 | 1 | 0 |
| ⑦ | 佐藤 | 5 | 3 | 1 |
| ⑤ | 沼井 | 5 | 2 | 0 |
| ② | 福田 | 4 | 3 | 1 |
| ⑨ | 八木澤 | 3 | 0 | 1 |
| H9 | 下妻 | 1 | 1 | 2 |
| ⑥ | 長谷川 | 4 | 2 | 1 |
| ③ | 斎藤 | 3 | 1 | 2 |
| 3 | 雫 | 0 | 0 | 0 |
| ① | 江田 | 3 | 1 | 0 |
| 1 | 高瀬 | 0 | 0 | 0 |
| 1 | 戸田 | 0 | 0 | 0 |
| ④ | 曽我 | 3 | 2 | 2 |

| 振 | 球 | 犠 | 併 | 残 | 打 | 安 | 点 |
|---|---|---|---|---|---|---|---|
| 0 | 6 | 3 | 1 | 10 | 34 | 16 | 10 |

## 文星付　乱打戦を制す
## 真岡、序盤の失点重く

両チームとも2桁安打の乱打戦を文星芸大付が制した。文星芸大付は二回、9番・曽我の2点適時打で先制すると、三回は斎藤の2点適時打などで3点を追加。七回は福田、下妻、長谷川の3者連続長打などで一気に6点を奪って突き放した。守っては先発の江田が制球の効いた変化球を軸に組み立て五回まで無失点。六回以降反撃に遭ったが大量リードで逃げ切った。真岡は6点を追う六回に5連打で3点、七回は柳田の右前適時打などで2点を返したが、序盤の失点が大きく響いた。

| 【真岡】 | | 打 | 安 | 点 |
|---|---|---|---|---|
| ④ | 菊地 | 4 | 2 | 0 |
| ⑤ | 小堀 | 3 | 0 | 0 |
| H | 中島 | 1 | 0 | 0 |
| ⑦1 | 江面 | 3 | 1 | 0 |
| ② | 柳田 | 4 | 2 | 1 |
| ③ | 角川 | 4 | 2 | 0 |
| ⑨19 | 岡部 | 3 | 1 | 1 |
| 9 | 二橋 | 0 | 0 | 1 |
| ⑥ | 吉倉 | 3 | 1 | 1 |
| 6 | 豊田 | 1 | 0 | 0 |
| ①91 | 小林 | 2 | 1 | 0 |
| H | 田原 | 1 | 1 | 1 |
| 7 | 金澤 | 1 | 0 | 0 |
| ⑧ | 山根 | 3 | 0 | 0 |

| 振 | 球 | 犠 | 併 | 残 | 打 | 安 | 点 |
|---|---|---|---|---|---|---|---|
| 9 | 2 | 0 | 1 | 9 | 33 | 11 | 5 |

3回戦（清原球場）

| | | | | | | | | 計 |
|---|---|---|---|---|---|---|---|---|
| 文星付 | 0 | 2 | 3 | 0 | 0 | 1 | 6 | 12 |
| 真岡 | 0 | 0 | 0 | 0 | 0 | 3 | 2 | 5 |

（七回コールド）

▽三塁打　曽我、下妻、長谷川（文）　▽二塁打　福田（文）　▽失策　文2、真5
▽暴投　真2（小林、岡部）　▽審判　（球）秋元英（塁）木村泰、和田、渡辺　▽試合時間　2時間17分

| 投手 | 回 | 打 | 安 | 失 |
|---|---|---|---|---|
| 江田 | 6 | 27 | 9 | 3 |
| 高瀬 | 1/3 | 6 | 2 | 2 |
| 戸田 | 2/3 | 2 | 0 | 0 |
| 小林 | 5 | 27 | 12 | 6 |
| 岡部 | 1 0/3 | 7 | 0 | 0 |
| 江面 | 1 | 9 | 4 | 6 |

# 佐野日大 × 国学栃木

## 佐野日大、終盤一気に 昨秋王者・国学栃木散る

| 【佐野日大】 | | 打 | 安 | 点 |
|---|---|---|---|---|
| ⑧ | 川崎 | 3 | 2 | 1 |
| ⑥ | 増山 | 3 | 1 | 2 |
| ⑦ | 大関 | 3 | 1 | 1 |
| ⑤ | 岡佐 | 3 | 0 | 1 |
| ③ | 青木 | 3 | 1 | 0 |
| 34 | 腰塚 | 2 | 2 | 5 |
| ⑨ | 丸山 | 4 | 0 | 0 |
| ④ | 古河 | 4 | 1 | 0 |
| R7 | 関口 | 1 | 0 | 0 |
| ② | 残間 | 3 | 1 | 0 |
| ① | 大門 | 0 | 0 | 0 |
| 1 | 佐久間 | 1 | 0 | 0 |
| H | 狩野 | 1 | 1 | 0 |
| 1 | 畑 | 0 | 0 | 0 |
| H | 大海 | 1 | 1 | 0 |
| 1 | 鈴木 | 1 | 0 | 0 |

| 振 | 球 | 犠 | 併 | 残 | 打 | 安 | 点 |
|---|---|---|---|---|---|---|---|
| 2 | 9 | 3 | 0 | 7 | 33 | 11 | 10 |

| 投手 | 回 | 打 | 安 | 失 |
|---|---|---|---|---|
| 大門 | 3 | 15 | 2 | 1 |
| 佐久間 | 3 | 15 | 3 | 2 |
| 畑 | 1 | 6 | 2 | 3 |
| 鈴木 | 2 | 7 | 1 | 0 |
| 加藤 | 6 2/3 | 29 | 6 | 5 |
| 林 | 2/3 | 9 | 4 | 5 |
| 筋野 | 1/3 | 3 | 1 | 1 |
| 平井 | 1/3 | 4 | 0 | 0 |

| 【国学栃木】 | | 打 | 安 | 点 |
|---|---|---|---|---|
| ⑦ | 浅田 | 5 | 2 | 1 |
| ⑥ | 最上 | 5 | 1 | 1 |
| ④ | 関 | 3 | 1 | 0 |
| ③ | 樋口 | 1 | 0 | 0 |
| H3 | 金子 | 3 | 1 | 0 |
| ⑤ | 成田 | 2 | 1 | 1 |
| H | 坂本 | 0 | 0 | 0 |
| R5 | 菅野 | 1 | 0 | 0 |
| ⑨ | 佐鳥 | 4 | 1 | 0 |
| ⑧ | 海老原 | 5 | 0 | 0 |
| ② | 伊東 | 2 | 1 | 3 |
| ① | 加藤 | 2 | 0 | 0 |
| 1 | 林 | 1 | 0 | 0 |
| 1 | 筋野 | 0 | 0 | 0 |
| 1 | 平井 | 0 | 0 | 0 |

| 振 | 球 | 犠 | 併 | 残 | 打 | 安 | 点 |
|---|---|---|---|---|---|---|---|
| 9 | 7 | 2 | 0 | 10 | 34 | 8 | 6 |

佐野日大は終盤に底力を見せ、粘る国学栃木を打力で退けた。佐野日大は1点を追う七回、代打の狩野の右前打から2死一、二塁とし、増山の2点適時打で逆転。直後に追い付かれたが八回、川崎の勝ち越しとなる右前適時打、腰塚の3点適時打などで5点を奪い、一気に突き放した。国学栃木は1点を追う四回に浅田、最上の連続適時打で初めてリードを奪った。3点ビハインドとなった七回は、伊東の3点本塁打で同点に追い付いたが、それ以降は打線がつながらなかった。

| 3回戦 (栃木県営球場) | | | | | | | | | | 計 |
|---|---|---|---|---|---|---|---|---|---|---|
| 佐野日大 | 1 | 0 | 0 | 1 | 0 | 0 | 4 | 5 | 0 | 11 |
| 国学栃木 | 0 | 0 | 1 | 2 | 0 | 0 | 3 | 0 | 0 | 6 |

▽本塁打　伊東(国)　▽三塁打　増山(佐)　▽二塁打　腰塚(佐)　▽盗塁　佐2、国5　▽失策　佐4
▽暴投　佐2(大門、佐久間)、国3(加藤)　▽審判　(球)小澤(塁)舩越、川島、柴崎　▽試合時間　2時間53分

# 白鷗足利 × 宇北

## 白鷗足利　攻守に隙なし 宇北散発2安打、ホーム遠く

白鷗大足利が宇都宮北を投打で圧倒し快勝した。先発吉沢はテンポ良く低めに直球を投げ込み5回を無安打無失点。六回以降も大須賀、中沢の継投で寄せ付けなかった。打線は二回に先制しその後も小刻みに加点。打線は3～5番で計6安打6打点を挙げた。宇都宮北は先発砂押が4失点し、四回途中から登板した桧山も相手の勢いを止められなかった。打線も直球に押され五回までに9三振。六回に砂押がチーム初安打を放ったが後続が併殺に倒れ、七回も多田出の二塁打を生かせなかった。

| 3回戦 (栃木県営球場) | | | | | | | | 計 |
|---|---|---|---|---|---|---|---|---|
| 白鷗足利 | 0 | 1 | 1 | 4 | 0 | 2 | 1 | 9 |
| 宇北 | 0 | 0 | 0 | 0 | 0 | 0 | 0 | 0 (七回コールド) |

▽二塁打　磯、高橋、吉澤(白)多田出(宇)　▽盗塁　白5、宇2　▽暴投　宇1(桧山)
▽審判　(球)小林大(塁)古澤、栗田、古口　▽試合時間　1時間48分

| 投手 | 回 | 打 | 安 | 失 |
|---|---|---|---|---|
| 吉沢 | 5 | 17 | 0 | 0 |
| 大須賀 | 1 | 3 | 1 | 0 |
| 中沢 | 1 | 4 | 1 | 0 |
| 砂押 | 3 2/3 | 19 | 7 | 4 |
| 桧山 | 3 1/3 | 19 | 6 | 5 |

| 【白鷗足利】 | | 打 | 安 | 点 |
|---|---|---|---|---|
| ⑨ | 大澤 | 3 | 2 | 1 |
| ③ | 松崎 | 3 | 0 | 0 |
| ④ | 磯 | 4 | 3 | 0 |
| ⑦ | 高橋 | 4 | 1 | 3 |
| ② | 石丸 | 3 | 2 | 3 |
| ⑥ | 茂木 | 4 | 0 | 0 |
| ⑧ | 吉澤 | 4 | 3 | 0 |
| ⑤ | 柴田 | 4 | 2 | 2 |
| R | 大下 | 0 | 0 | 0 |
| 5 | 林 | 0 | 0 | 0 |
| ① | 吉沢 | 2 | 0 | 0 |
| 1 | 大須賀 | 0 | 0 | 0 |
| H | 増田 | 1 | 0 | 0 |
| 1 | 中沢 | 0 | 0 | 0 |

| 振 | 球 | 犠 | 併 | 残 | 打 | 安 | 点 |
|---|---|---|---|---|---|---|---|
| 5 | 4 | 2 | 1 | 8 | 32 | 13 | 9 |

| 【宇北】 | | 打 | 安 | 点 |
|---|---|---|---|---|
| ② | 岡村 | 2 | 0 | 0 |
| ③ | 工藤 | 3 | 0 | 0 |
| ⑦ | 川村 | 3 | 0 | 0 |
| ⑤ | 多田出 | 3 | 1 | 0 |
| ⑨ | 横山隼 | 3 | 0 | 0 |
| ④ | 佐藤 | 3 | 0 | 0 |
| ⑧1 | 桧山 | 1 | 0 | 0 |
| ⑥ | 須藤 | 2 | 0 | 0 |
| ①8 | 砂押 | 1 | 1 | 0 |

| 振 | 球 | 犠 | 併 | 残 | 打 | 安 | 点 |
|---|---|---|---|---|---|---|---|
| 10 | 2 | 1 | 1 | 3 | 21 | 2 | 0 |

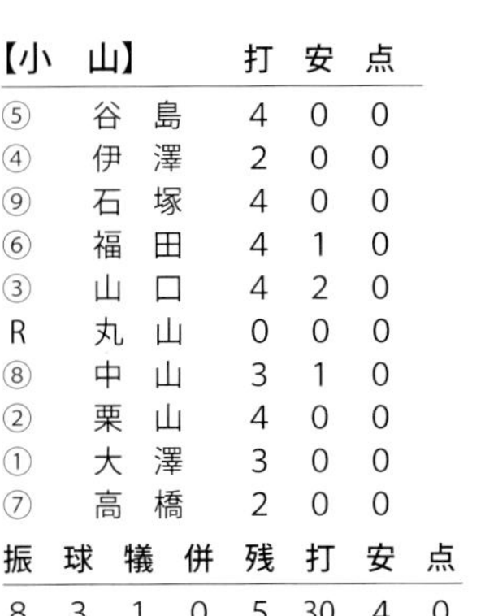

| 【小　山】 | | 打 | 安 | 点 |
|---|---|---|---|---|
| ⑤ | 谷　島 | 4 | 0 | 0 |
| ④ | 伊　澤 | 2 | 0 | 0 |
| ⑨ | 石　塚 | 4 | 0 | 0 |
| ⑥ | 福　田 | 4 | 1 | 0 |
| ③ | 山　口 | 4 | 2 | 0 |
| R | 丸　山 | 0 | 0 | 0 |
| ⑧ | 中　山 | 3 | 1 | 0 |
| ② | 栗　山 | 4 | 0 | 0 |
| ① | 大　澤 | 3 | 0 | 0 |
| ⑦ | 高　橋 | 2 | 0 | 0 |

| 振 | 球 | 犠 | 併 | 残 | 打 | 安 | 点 |
|---|---|---|---|---|---|---|---|
| 8 | 3 | 1 | 0 | 5 | 30 | 4 | 0 |

| 【作　新】 | | 打 | 安 | 点 |
|---|---|---|---|---|
| ⑧ | 田　代 | 4 | 2 | 0 |
| 7 | 鈴　木 | 0 | 0 | 0 |
| ④ | 高　久 | 4 | 2 | 0 |
| ⑤ | 大　房 | 4 | 0 | 0 |
| ③ | 池　澤 | 3 | 1 | 1 |
| ⑦9 | 平　塚 | 1 | 1 | 1 |
| ⑥ | 相　場 | 3 | 0 | 0 |
| ⑨8 | 相　原 | 3 | 1 | 0 |
| ② | 渡　辺 | 2 | 0 | 1 |
| ① | 佐　藤 | 2 | 0 | 0 |
| 1 | 林 | 1 | 0 | 0 |

| 振 | 球 | 犠 | 併 | 残 | 打 | 安 | 点 |
|---|---|---|---|---|---|---|---|
| 2 | 1 | 2 | 1 | 3 | 27 | 7 | 3 |

## 作新、接戦逃げ切る　奮闘小山　好継投に屈す

# 小山 × 作新

作新学院が2投手による好継投で、粘る小山を振り切った。作新学院の先発佐藤は二回、2失点に絡む失策こそしたが三回以降は被安打1、無失点と踏ん張った。五回は2四球で2死一、二塁のピンチを招いたが追加点は許さなかった。2番手の林も3回無失点と好投し、1点リードを守り抜いた。小山は2点を追う二回、福田、山口の2連打で無死一、二塁とし中山が送りバント。敵失を誘い同点に追い付いたが、それ以降は九回まで2安打。相手投手を攻略できなかった。

| 投　手 | 回 | 打 | 安 | 失 |
|---|---|---|---|---|
| 大　澤 | 8 | 30 | 7 | 3 |
| 佐　藤 | 6 | 24 | 3 | 2 |
| 林 | 3 | 10 | 1 | 0 |

| 3回戦 | （清原球場） | | | | | | | | | 計 |
|---|---|---|---|---|---|---|---|---|---|---|
| 小　山 | 0 | 2 | 0 | 0 | 0 | 0 | 0 | 0 | 0 | 2 |
| 作　新 | 2 | 0 | 0 | 1 | 0 | 0 | 0 | 0 | × | 3 |

▽盗塁　作1　▽失策　作1　▽暴投　小1（大澤）
▽審判　（球）石川雅（塁）大山、鷹觜、鷺谷　▽試合時間　1時間47分

| 【足　利】 | | 打 | 安 | 点 |
|---|---|---|---|---|
| ⑥ | 芹　澤 | 3 | 2 | 0 |
| ④ | 小　野 | 3 | 1 | 0 |
| ⑧ | 吉　田 | 3 | 1 | 1 |
| ⑦ | 山　地 | 4 | 0 | 0 |
| ⑨ | 須　永 | 4 | 1 | 0 |
| ② | 遠　藤 | 4 | 0 | 0 |
| ③ | 清　水 | 3 | 0 | 0 |
| ① | 関　田 | 1 | 0 | 0 |
| H | 金　井 | 1 | 0 | 0 |
| 1 | 田　中 | 1 | 0 | 0 |
| 1 | 掛　本 | 0 | 0 | 0 |
| ⑤ | 木　村 | 1 | 0 | 0 |
| H5 | 松　田 | 2 | 1 | 0 |

| 振 | 球 | 犠 | 併 | 残 | 打 | 安 | 点 |
|---|---|---|---|---|---|---|---|
| 6 | 1 | 3 | 1 | 6 | 30 | 6 | 1 |

| 【石　橋】 | | 打 | 安 | 点 |
|---|---|---|---|---|
| ⑦ | 笹　川 | 4 | 1 | 0 |
| ⑥ | 斎　藤 | 4 | 1 | 0 |
| ② | 小　林 | 2 | 2 | 1 |
| ⑨ | 深　澤 | 3 | 2 | 0 |
| ⑤ | 石　崎 | 3 | 0 | 2 |
| ⑧ | 森　田 | 3 | 0 | 0 |
| ③ | 曽　雌 | 4 | 1 | 1 |
| ④ | 小　口 | 3 | 0 | 0 |
| ① | 篠　崎 | 2 | 0 | 0 |

| 振 | 球 | 犠 | 併 | 残 | 打 | 安 | 点 |
|---|---|---|---|---|---|---|---|
| 0 | 0 | 2 | 0 | 6 | 28 | 7 | 4 |

| 投　手 | 回 | 打 | 安 | 失 |
|---|---|---|---|---|
| 関　田 | 4 | 17 | 1 | 2 |
| 田　中 | 3 | 15 | 6 | 3 |
| 掛　本 | 1 | 3 | 0 | 0 |
| 篠　崎 | 9 | 34 | 6 | 1 |

## 石橋逆転　終盤に地力　足利、遠かった追加点

# 足利 × 石橋

石橋が終盤に効果的に加点して足利に逆転勝ちした。石橋は1点を追う四回に相手の失策に乗じて逆転し、六回は曽雌の適時打、七回は笹川、斎藤、小林の3連打と石崎の犠飛で2点を奪取。先発篠崎は低めにテンポ良く投げ打たせて取った。足利は初回に芹澤、小野の連打で無死一、三塁とし吉田のスクイズで先制。投手陣は先発関田が4回2失点と粘るなど、相手強力打線を五回まで1安打に抑えたが、六回以降に3失点。打線も二回以降は投手陣を援護できなかった。

| 3回戦 | （清原球場） | | | | | | | | | 計 |
|---|---|---|---|---|---|---|---|---|---|---|
| 足　利 | 1 | 0 | 0 | 0 | 0 | 0 | 0 | 0 | 0 | 1 |
| 石　橋 | 0 | 0 | 0 | 2 | 0 | 1 | 2 | 0 | × | 5 |

▽二塁打　芹澤2（足）小林（石）　▽盗塁　石1　▽失策　足2、石1
▽ボーク　足1（関田）　▽審判　（球）市村（塁）中井、石橋、阿見　▽試合時間　1時間58分

| 【那須拓陽】 | | 打 | 安 | 点 |
|---|---|---|---|---|
| ⑦ | 薄井和 | 7 | 3 | 2 |
| ⑧ | 国井 | 7 | 1 | 0 |
| ② | 鈴木 | 7 | 1 | 1 |
| ⑥ | 仲野 | 6 | 3 | 0 |
| ③ | 土橋 | 5 | 2 | 1 |
| ⑨ | 小川 | 3 | 0 | 0 |
| H | 八月朔日 | 1 | 0 | 0 |
| 9 | 郡司 | 0 | 0 | 0 |
| H | 畠山 | 1 | 1 | 0 |
| 5 | 八ケ代 | 2 | 1 | 0 |
| ④9 | 薄井翔 | 4 | 1 | 0 |
| 9 | 金澤 | 0 | 0 | 0 |
| ⑤4 | 前田 | 5 | 2 | 0 |
| ① | 佐藤 | 6 | 1 | 0 |

| 振 | 球 | 犠 | 併 | 残 | 打 | 安 | 点 |
|---|---|---|---|---|---|---|---|
| 15 | 5 | 1 | 0 | 18 | 54 | 16 | 4 |

| 【那須清峰】 | | 打 | 安 | 点 |
|---|---|---|---|---|
| ⑤ | 高秀 | 6 | 1 | 0 |
| ⑦ | 谷森 | 7 | 1 | 0 |
| ⑥ | 小藤 | 5 | 1 | 0 |
| ② | 阪本 | 6 | 0 | 0 |
| ③ | 藤田 | 5 | 1 | 0 |
| ① | 黒坂 | 6 | 1 | 0 |
| ⑧ | 益子 | 6 | 2 | 0 |
| ⑨ | 伊藤 | 2 | 0 | 0 |
| H | 星野 | 1 | 0 | 0 |
| 9 | 大平 | 0 | 0 | 0 |
| H | 高梨 | 1 | 1 | 0 |
| ④ | 平山 | 5 | 3 | 1 |

| 振 | 球 | 犠 | 併 | 残 | 打 | 安 | 点 |
|---|---|---|---|---|---|---|---|
| 15 | 3 | 3 | 2 | 17 | 50 | 11 | 1 |

| 投手 | 回 | 打 | 安 | 失 |
|---|---|---|---|---|
| 佐藤 | 13 | 56 | 11 | 2 |
| 黒坂 | 13 | 60 | 16 | 5 |

# 那須拓陽 × 那須清峰

## 那須拓陽、死闘を制す 那須清峰 延長十三回で涙

那須拓陽が那須清峰との県北対決を延長十三回タイブレークの末に制した。那須拓陽の主戦佐藤は13回を完投。終盤まで球威は落ちず相手打線を2失点に抑えた。打線は1点を追う八回に土橋が犠飛で同点とし、最後は延長十三回、薄井和が適時三塁打で決勝点を挙げた。那須清峰はエース黒坂が九回まで毎回奪三振と好投したが、延長突入後に制球が乱れ失点した。延長十回には無死二塁の好機をつくったが後続が倒れた。

3回戦 (栃木県営球場)

| | 1 | 2 | 3 | 4 | 5 | 6 | 7 | 8 | 9 | 10 | 11 | 12 | 13 | 計 |
|---|---|---|---|---|---|---|---|---|---|---|---|---|---|---|
| 那須拓陽 | 0 | 0 | 0 | 0 | 0 | 0 | 0 | 1 | 0 | 0 | 1 | 0 | 3 | 5 |
| 那須清峰 | 0 | 0 | 0 | 0 | 0 | 1 | 0 | 0 | 0 | 0 | 1 | 0 | 0 | 2 |

(延長十三回タイブレーク)

▽三塁打 薄井和(拓) ▽二塁打 仲野、国井、八ケ代、薄井翔(拓)高秀、藤田、谷森(清) ▽失策 拓4、清2 ▽暴投 清1(黒坂) ▽審判 (球)木村智(塁)野澤、船山、新里 ▽試合時間 3時間14分

# 宇短大付 × 小山西

## 宇短大付、着実に加点 小山西 序盤の失点響く

宇都宮短大付が序盤から得点を重ねて小山西に競り勝った。宇都宮短大付は二回に中村のスクイズで先制。森山の左前打で追加点を挙げると三、四回に1点ずつ加点。九回には伊藤、池沢の連続適時打で突き放した。投げては中村が初回以外毎回走者を許したが、要所を締め10奪三振2失点で完投した。小山西は先発の菊池が制球に苦しみ、三回途中まで4四死球3失点。打線は二回に松島、三回に栗原の適時打で追い上げたが、四回以降何度か迎えた好機であと1本が出なかった。

3回戦 (栃木県営球場)

| | 1 | 2 | 3 | 4 | 5 | 6 | 7 | 8 | 9 | 計 |
|---|---|---|---|---|---|---|---|---|---|---|
| 宇短大付 | 0 | 2 | 1 | 1 | 0 | 0 | 0 | 0 | 2 | 6 |
| 小山西 | 0 | 1 | 1 | 0 | 0 | 0 | 0 | 0 | 0 | 2 |

▽三塁打 森山、伊藤(宇) ▽二塁打 中村、竹谷(宇)漆原(小) ▽盗塁 宇1 ▽失策 宇2 ▽捕逸 小1(栗原) ▽審判 (球)平田(塁)柴崎、鈴木、和田 ▽試合時間 2時間26分

| 【宇短大付】 | | 打 | 安 | 点 |
|---|---|---|---|---|
| ③ | 鮎田 | 4 | 0 | 0 |
| ⑦ | 森山 | 5 | 3 | 1 |
| ⑥ | 竹谷 | 4 | 3 | 1 |
| ⑤ | 福田 | 4 | 0 | 0 |
| ② | 伊藤 | 5 | 3 | 1 |
| ④ | 池沢 | 4 | 3 | 1 |
| ⑧ | 佐藤颯 | 4 | 0 | 0 |
| ⑨ | 蓑輪 | 4 | 1 | 0 |
| ① | 中村 | 4 | 1 | 1 |

| 振 | 球 | 犠 | 併 | 残 | 打 | 安 | 点 |
|---|---|---|---|---|---|---|---|
| 8 | 5 | 2 | 1 | 12 | 38 | 14 | 5 |

| 【小山西】 | | 打 | 安 | 点 |
|---|---|---|---|---|
| ⑧ | 漆原 | 5 | 1 | 0 |
| ⑥ | 久我 | 4 | 0 | 0 |
| ② | 栗原 | 3 | 1 | 1 |
| ①9 | 菊池 | 4 | 2 | 0 |
| ⑤ | 須藤 | 2 | 0 | 0 |
| ⑨1 | 山中 | 4 | 1 | 0 |
| ③ | 松島 | 4 | 2 | 1 |
| ④ | 七原 | 2 | 0 | 0 |
| ⑦ | 生井 | 2 | 0 | 0 |
| H | 猪瀬 | 1 | 0 | 0 |
| 7 | 三浦 | 0 | 0 | 0 |
| H | 中田 | 1 | 0 | 0 |

| 振 | 球 | 犠 | 併 | 残 | 打 | 安 | 点 |
|---|---|---|---|---|---|---|---|
| 10 | 3 | 3 | 1 | 9 | 32 | 7 | 2 |

| 投手 | 回 | 打 | 安 | 失 |
|---|---|---|---|---|
| 中村 | 9 | 38 | 7 | 2 |
| 菊池 | 20/3 | 15 | 5 | 3 |
| 山中 | 7 | 30 | 9 | 3 |

3回戦 鹿沼（対幸福）

写真グラフ　2021 SUMMER

# 苦難乗り越え つかんだ勝利

栃木大会3回戦

3回戦 石橋（対足利）

3回戦 石橋（対足利）

3回戦 鹿沼（対幸福）

3回戦 作新（対小山）

3回戦 佐野日大（対国学栃木）

ROAD TO "KOSHIEN"

3回戦 白鴎足利（対宇北）

3回戦 那須拓陽（対那須清峰）

3回戦 佐野日大（対国学栃木）

3回戦 宇短大付（対小山西）

3回戦 宇短大付（対小山西）

3回戦 国学栃木(対佐野日大)

3回戦 幸福(対鹿沼)

写真グラフ 2021 SUMMER

# 真夏の輝き 敗れてもなお

## 栃木大会3回戦

3回戦 足利(対石橋)

3回戦 小山西(対宇短大付)

3回戦 幸福(対鹿沼)

3回戦 足利（対石橋）

3回戦 足利（対石橋）

3回戦 小山
（対宇短大

3回戦 小山西（対宇短大付）

3回戦 国学栃木（対佐野日大）

3回戦 国学栃木
（対佐野日大）

3回戦 幸福（対鹿沼）

写真グラフ　2021 SUMMER

# 真夏の輝き　敗れてもなお

## 栃木大会3回戦

3回戦 宇北（対白鷗足利）

3回戦 真岡（対文星付）

3回戦 小山（対作新）

3回戦 真岡（対文星付）

3回戦 那須清峰（対那須拓陽）

3回戦 真岡（対文星付）

3回戦 小山（対作新）

3回戦 宇北（対白鷗足利）

3回戦 那須清峰（対那須拓陽）

3回戦 小山（対作新）

3回戦 宇北（対白鷗足利）

3回戦 那須清峰（対那須

| 【青藍泰斗】 | | 打 | 安 | 点 |
|---|---|---|---|---|
| ⑧ | 石川蒼 | 6 | 4 | 0 |
| ④ | 石川翔 | 3 | 0 | 0 |
| 4 | 永井 | 2 | 0 | 0 |
| ③ | 町田 | 4 | 1 | 0 |
| ⑦ | 宗 | 5 | 1 | 0 |
| ② | 矢野 | 2 | 1 | 1 |
| ⑨ | 渡辺 | 4 | 2 | 1 |
| ⑤ | 伊藤翔 | 3 | 1 | 1 |
| ① | 山崎 | 2 | 0 | 0 |
| 1 | 伊藤祐 | 2 | 0 | 1 |
| ⑥ | 石下 | 5 | 1 | 1 |

| 振 | 球 | 犠 | 併 | 残 | 打 | 安 | 点 |
|---|---|---|---|---|---|---|---|
| 7 | 8 | 2 | 2 | 13 | 38 | 11 | 5 |

## 幸福〝金星〟延長制す 青藍泰斗 初戦で散る

幸福の科学学園が青藍泰斗から金星。幸福は延長十回1死満塁から大島がスクイズを決めて終止符を打った。青藍泰斗は五回に伊藤翔の適時打などで3点、六回には矢野の適時打で1点を返し試合を振り出しに戻したが及ばなかった。

# 青藍泰斗 × 幸福

| 【幸福】 | | 打 | 安 | 点 |
|---|---|---|---|---|
| ⑥ | 右田 | 3 | 2 | 1 |
| ⑧ | 阿部 | 5 | 0 | 0 |
| ② | 津崎 | 4 | 1 | 2 |
| ① | 阿座上 | 4 | 1 | 0 |
| ⑤ | 蓑輪 | 3 | 0 | 0 |
| ③ | 清家 | 3 | 0 | 0 |
| ④ | 大島 | 3 | 1 | 1 |
| ⑨ | 佐野那 | 4 | 1 | 1 |
| ⑦ | 行木 | 4 | 1 | 0 |

| 振 | 球 | 犠 | 併 | 残 | 打 | 安 | 点 |
|---|---|---|---|---|---|---|---|
| 8 | 10 | 0 | 1 | 9 | 33 | 7 | 5 |

| 投手 | 回 | 打 | 安 | 失 |
|---|---|---|---|---|
| 山崎 | 3 1/3 | 19 | 2 | 5 |
| 伊藤祐 | 6 0/3 | 24 | 5 | 1 |
| 阿座上 | 10 | 48 | 11 | 5 |

| 2回戦 (栃木県営球場) | 1 | 2 | 3 | 4 | 5 | 6 | 7 | 8 | 9 | 10 | 計 |
|---|---|---|---|---|---|---|---|---|---|---|---|
| 青藍泰斗 | 0 | 0 | 0 | 1 | 3 | 1 | 0 | 0 | 0 | 0 | 5 |
| 幸福 | 0 | 1 | 0 | 4 | 0 | 0 | 0 | 0 | 0 | 1× | 6 |

(延長十回)

▽三塁打 右田、阿座上(幸) ▽二塁打 石川蒼、町田(青)佐野那(幸) ▽盗塁 青2、幸1
▽失策 青1 ▽暴投 青1(伊藤祐) ▽審判 (球)古澤(塁)磯、寺田、松島明 ▽試合時間 2時間33分

| 【真岡】 | | 打 | 安 | 点 |
|---|---|---|---|---|
| ④ | 菊地 | 3 | 3 | 0 |
| ⑤ | 小堀 | 2 | 0 | 0 |
| ⑦ | 江面 | 5 | 1 | 1 |
| ② | 柳田 | 4 | 1 | 1 |
| ③ | 角川 | 5 | 1 | 0 |
| ⑨ | 岡部 | 3 | 1 | 2 |
| ⑥ | 吉倉 | 4 | 2 | 1 |
| ① | 小林 | 3 | 0 | 0 |
| ⑧ | 山根 | 4 | 0 | 0 |

| 振 | 球 | 犠 | 併 | 残 | 打 | 安 | 点 |
|---|---|---|---|---|---|---|---|
| 5 | 4 | 4 | 1 | 8 | 33 | 9 | 5 |

| 【小山南】 | | 打 | 安 | 点 |
|---|---|---|---|---|
| ⑥ | 田波 | 3 | 0 | 0 |
| ⑨ | 北條 | 4 | 2 | 0 |
| ⑧ | 金子 | 4 | 2 | 0 |
| ⑦ | 高瀬 | 4 | 1 | 0 |
| ② | 水島 | 3 | 0 | 1 |
| ⑤ | 岡田翔 | 4 | 0 | 0 |
| ③ | 新澤 | 3 | 1 | 0 |
| ① | 松下 | 3 | 1 | 0 |
| ④ | 水上 | 3 | 0 | 0 |

| 振 | 球 | 犠 | 併 | 残 | 打 | 安 | 点 |
|---|---|---|---|---|---|---|---|
| 10 | 1 | 1 | 0 | 5 | 31 | 7 | 1 |

| 投手 | 回 | 打 | 安 | 失 |
|---|---|---|---|---|
| 小林 | 9 | 33 | 7 | 1 |
| 松下 | 9 | 41 | 9 | 6 |

## 真岡、投打に隙なし 小山南 四回に一矢

序盤で主導権を握った真岡が小山南を退けた。初回に相手野選で先制し、三回は角川、岡部、吉倉の3連続安打などで4得点。先発小林は10奪三振1失点と好投した。小山南は四回に水島の犠飛で反撃したがその後はつながりを欠いた。

| 2回戦 (栃木県営球場) | 1 | 2 | 3 | 4 | 5 | 6 | 7 | 8 | 9 | 計 |
|---|---|---|---|---|---|---|---|---|---|---|
| 真岡 | 1 | 0 | 4 | 0 | 0 | 0 | 0 | 0 | 1 | 6 |
| 小山南 | 0 | 0 | 0 | 1 | 0 | 0 | 0 | 0 | 0 | 1 |

▽三塁打 菊地、岡部(真) ▽二塁打 菊地(真)新澤(小) ▽盗塁 真2、小1
▽失策 小1 ▽野選 小1(田波) ▽暴投 小1(松下) ▽ボーク 小1(松下)
▽審判 (球)松本(塁)石橋、富永、市村▽試合時間 1時間49分

# 真岡 × 小山南

| 【栃 工】 | | 打 | 安 | 点 |
|---|---|---|---|---|
| ⑥ | 生 沼 | 5 | 1 | 0 |
| ⑤ | 中 島 | 4 | 1 | 0 |
| ⑨ | 五月女 | 2 | 0 | 1 |
| H9 | 梅 田 | 2 | 0 | 0 |
| ⑦ | 佐 藤 | 5 | 2 | 0 |
| 8 | 吉 村 | 0 | 0 | 0 |
| ③ | 野 代 | 3 | 1 | 0 |
| H3 | 清 水 | 2 | 1 | 0 |
| ② | 尾 池 | 2 | 0 | 0 |
| H2 | 小 倉 | 2 | 1 | 1 |
| ⑧7 | 稲 葉 | 5 | 1 | 0 |
| ① | 石 川 | 5 | 0 | 0 |
| ④ | 高 久 | 4 | 3 | 1 |

| 振 | 球 | 犠 | 併 | 残 | 打 | 安 | 点 |
|---|---|---|---|---|---|---|---|
| 6 | 0 | 3 | 0 | 8 | 41 | 11 | 3 |

| 投 手 | 回 | 打 | 安 | 失 |
|---|---|---|---|---|
| 石 川 | 10 0/3 | 43 | 8 | 4 |
| 砂 押 | 3 1/3 | 13 | 4 | 1 |
| 桧 山 | 7 2/3 | 31 | 7 | 2 |

| 【宇 北】 | | 打 | 安 | 点 |
|---|---|---|---|---|
| ② | 岡 村 | 3 | 0 | 0 |
| ⑥ | 須 藤 | 4 | 0 | 0 |
| ⑦ | 川 村 | 5 | 1 | 0 |
| ⑤ | 多田出 | 5 | 1 | 0 |
| ⑨ | 横山隼 | 5 | 2 | 0 |
| ④ | 佐 藤 | 4 | 0 | 0 |
| ⑧1 | 桧 山 | 5 | 2 | 4 |
| ③ | 工 藤 | 4 | 2 | 0 |
| ①8 | 砂 押 | 2 | 0 | 0 |

| 振 | 球 | 犠 | 併 | 残 | 打 | 安 | 点 |
|---|---|---|---|---|---|---|---|
| 15 | 5 | 1 | 1 | 9 | 37 | 8 | 4 |

# 栃工 × 宇北

宇都宮北の桧山が投打で大活躍。投げては2番手として緩急自在の投球で7回2／3を2失点。打っては四回の3点本塁打に延長十一回のサヨナラ打と全打点をたたき出した。11安打を放った栃木工打線だが要所のフライアウトが響いた。

## 宇北・桧山がサヨナラ打
## 栃工　延長十一回力尽く

**2回戦**（とちぎ木の花スタジアム）

| | | | | | | | | | | | | 計 |
|---|---|---|---|---|---|---|---|---|---|---|---|---|
| 栃 工 | 1 | 0 | 0 | 0 | 0 | 0 | 1 | 1 | 0 | 0 | 0 | 3 |
| 宇 北 | 0 | 0 | 0 | 3 | 0 | 0 | 0 | 0 | 0 | 0 | 1× | 4 |

（延長十一回）

▽本塁打　桧山（宇）　▽三塁打　清水、稲葉（栃）　▽二塁打　佐藤、中島、小倉（栃）　▽盗塁　栃4、宇3　▽失策　宇1　▽暴投　栃2（石川）　▽審判　（球）阿久津（塁）小林伸、小澤、駒場　▽試合時間　2時間39分

# 真工 × 文星付

## 文星付、競り合いを制す
## 真工　シード相手に奮闘

文星芸大付が粘る真岡工を振り切った。文星芸大付は三回、下妻の適時打で1点を勝ち越し、四回には君島の中犠飛で1点を加え、試合の主導権を握った。真岡工は七回に永森の適時打で1点差に詰め寄ったが、反撃はそこまでだった。

**2回戦**（栃木県営球場）

| | | | | | | | | | | 計 |
|---|---|---|---|---|---|---|---|---|---|---|
| 真 工 | 1 | 0 | 0 | 0 | 0 | 0 | 1 | 0 | 0 | 2 |
| 文星付 | 1 | 0 | 1 | 1 | 0 | 0 | 0 | 0 | × | 3 |

▽本塁打　沼井（文）　▽二塁打　山内（真）君島（文）　▽暴投　真1（黒崎瑛）
▽審判　（球）川島（塁）古口、市村、寺田　▽試合時間　1時間56分

| 投 手 | 回 | 打 | 安 | 失 |
|---|---|---|---|---|
| 黒崎瑛 | 8 | 33 | 6 | 3 |
| 戸 田 | 7 | 29 | 8 | 2 |
| 江 田 | 2 | 7 | 1 | 0 |

| 【真 工】 | | 打 | 安 | 点 |
|---|---|---|---|---|
| ⑧ | 手塚聖 | 3 | 0 | 0 |
| ④ | 永 森 | 3 | 1 | 1 |
| ① | 黒崎瑛 | 4 | 0 | 0 |
| ③ | 山 内 | 3 | 2 | 1 |
| ⑤ | 松 本 | 4 | 1 | 0 |
| ⑦ | 鶴 見 | 2 | 0 | 0 |
| 7 | 古田土 | 2 | 1 | 0 |
| ⑨ | 磯 貝 | 4 | 3 | 0 |
| ② | 大根田 | 4 | 1 | 0 |
| ⑥ | 手塚貴 | 0 | 0 | 0 |
| H | 蓬 田 | 1 | 0 | 0 |

| 振 | 球 | 犠 | 併 | 残 | 打 | 安 | 点 |
|---|---|---|---|---|---|---|---|
| 1 | 3 | 3 | 0 | 7 | 30 | 9 | 2 |

| 【文星付】 | | 打 | 安 | 点 |
|---|---|---|---|---|
| ⑧ | 君 島 | 3 | 1 | 1 |
| ⑦ | 佐 藤 | 4 | 1 | 0 |
| ⑤ | 沼 井 | 3 | 1 | 1 |
| ② | 福 田 | 4 | 1 | 0 |
| ⑨ | 下 妻 | 4 | 1 | 1 |
| ⑥ | 長谷川 | 4 | 0 | 0 |
| ③ | 斎 藤 | 2 | 1 | 0 |
| ① | 戸 田 | 2 | 0 | 0 |
| 1 | 江 田 | 0 | 0 | 0 |
| ④ | 曽 我 | 2 | 0 | 0 |

| 振 | 球 | 犠 | 併 | 残 | 打 | 安 | 点 |
|---|---|---|---|---|---|---|---|
| 0 | 3 | 2 | 0 | 6 | 28 | 6 | 3 |

| 【佐野日大】 | | 打 | 安 | 点 |
|---|---|---|---|---|
| ⑧ | 川崎 | 3 | 2 | 0 |
| ⑥ | 増山 | 4 | 0 | 0 |
| ⑦ | 大関 | 4 | 0 | 1 |
| ⑤ | 岡佐 | 3 | 1 | 0 |
| ③ | 青木 | 3 | 3 | 1 |
| ② | 残間 | 1 | 0 | 0 |
| ⑨ | 丸山 | 4 | 2 | 5 |
| ④ | 狩野 | 3 | 1 | 0 |
| 4 | 古河 | 1 | 1 | 2 |
| ① | 鈴木 | 2 | 0 | 0 |
| 1 | 斎藤 | 0 | 0 | 0 |
| 1 | 大門 | 0 | 0 | 0 |

| 振 | 球 | 犠 | 併 | 残 | 打 | 安 | 点 |
|---|---|---|---|---|---|---|---|
| 4 | 7 | 4 | 2 | 9 | 28 | 10 | 9 |

| 【茂木】 | | 打 | 安 | 点 |
|---|---|---|---|---|
| ⑧ | 糸井 | 3 | 1 | 0 |
| ④ | 岩渕 | 3 | 1 | 0 |
| ⑦ | 小口 | 3 | 1 | 0 |
| ② | 岡本 | 3 | 0 | 0 |
| ① | 桧山 | 3 | 2 | 1 |
| ③ | 水沼 | 3 | 0 | 0 |
| ⑥ | 小森 | 3 | 1 | 0 |
| ⑨ | 加藤 | 3 | 0 | 0 |
| ⑤ | 山口 | 2 | 1 | 0 |

| 振 | 球 | 犠 | 併 | 残 | 打 | 安 | 点 |
|---|---|---|---|---|---|---|---|
| 10 | 0 | 0 | 0 | 4 | 26 | 7 | 1 |

| 投手 | 回 | 打 | 安 | 失 |
|---|---|---|---|---|
| 鈴木 | 4 | 15 | 3 | 1 |
| 斎藤 | 2 2/3 | 9 | 3 | 0 |
| 大門 | 1/3 | 2 | 1 | 0 |
| 桧山 | 7 | 39 | 10 | 9 |

## 佐野日大、中盤に打線奮起　茂木、反撃も1点どまり

佐野日大打線が中盤以降に奮起。四回に丸山の3点本塁打で先制すると、五、七回と好機を着実に生かした。茂木はエース桧山が四回2死走者無しから崩れたのが誤算。四回以降毎回走者を出したが、1点を返すのが精いっぱいだった。

# 佐野日大 × 茂木

| 2回戦 (清原球場) | | | | | | | | 計 |
|---|---|---|---|---|---|---|---|---|
| 佐野日大 | 0 | 0 | 0 | 3 | 2 | 0 | 4 | 9 |
| 茂木 | 0 | 0 | 0 | 1 | 0 | 0 | 0 | 1 |

(七回コールド)

▽本塁打　丸山(佐)　▽三塁打　川崎(佐)　▽二塁打　川崎、古河(佐)小森(茂)　▽盗塁　佐3、茂1
▽失策　茂1　▽審判　(球)印南(塁)神山、石川誠、阿見　▽試合時間　1時間47分

# 足利南 × 鹿沼

| 【足利南】 | | 打 | 安 | 点 |
|---|---|---|---|---|
| ⑦ | 岩崎 | 4 | 0 | 0 |
| ⑥ | 星川 | 4 | 0 | 0 |
| ① | 立原 | 4 | 3 | 1 |
| ⑧ | 新井 | 4 | 2 | 0 |
| ⑨ | 松原 | 3 | 0 | 0 |
| 9 | 石原匠 | 1 | 0 | 0 |
| ④ | 瀬戸山 | 4 | 0 | 0 |
| ③ | 亀山 | 4 | 1 | 0 |
| ② | 石原成 | 3 | 2 | 0 |
| ⑤ | 若林 | 4 | 2 | 0 |

| 振 | 球 | 犠 | 併 | 残 | 打 | 安 | 点 |
|---|---|---|---|---|---|---|---|
| 10 | 1 | 0 | 0 | 8 | 35 | 10 | 1 |

| 【鹿沼】 | | 打 | 安 | 点 |
|---|---|---|---|---|
| ⑨ | 渡辺周 | 4 | 1 | 1 |
| ⑦ | 渡辺翔 | 1 | 1 | 0 |
| ③ | 川俣 | 3 | 1 | 0 |
| H3 | 善林 | 1 | 0 | 0 |
| ① | 大竹 | 4 | 1 | 0 |
| ④ | 中山 | 4 | 1 | 0 |
| ② | 高橋 | 3 | 0 | 0 |
| ⑧ | 露久保 | 3 | 1 | 0 |
| ⑤ | 大島 | 2 | 0 | 0 |
| ⑥ | 斎藤 | 3 | 1 | 2 |

| 振 | 球 | 犠 | 併 | 残 | 打 | 安 | 点 |
|---|---|---|---|---|---|---|---|
| 5 | 4 | 5 | 1 | 9 | 28 | 7 | 3 |

## 鹿沼　二回の4点守る　足利南、8残塁が響く

雨天中断明け直後の猛攻で鹿沼が試合を決めた。二回は中山の二塁打や斎藤の適時三塁打など打者9人で一挙4得点。主戦大竹も要所を締め1失点で完投した。足利南は八回に立原の適時内野安打で1点を返したが8残塁が響いた。

| 投手 | 回 | 打 | 安 | 失 |
|---|---|---|---|---|
| 立原 | 8 | 37 | 7 | 4 |
| 大竹 | 9 | 36 | 10 | 1 |

| 2回戦 (とちぎ木の花スタジアム) | | | | | | | | | 計 |
|---|---|---|---|---|---|---|---|---|---|
| 足利南 | 0 | 0 | 0 | 0 | 0 | 0 | 0 | 1 | 0 | 1 |
| 鹿沼 | 0 | 4 | 0 | 0 | 0 | 0 | 0 | 0 | × | 4 |

▽三塁打　斎藤(鹿)　▽二塁打　中山(鹿)　▽盗塁　鹿2　▽失策　足2、鹿1
▽審判　(球)渡辺(塁)小澤、笠井、三坂　▽試合時間　2時間21分

| 【栃 商】 | | 打 | 安 | 点 |
|---|---|---|---|---|
| ⑦ | 石 山 | 4 | 0 | 0 |
| ⑥ | 此 元 | 2 | 0 | 0 |
| ② | 新 村 | 4 | 0 | 0 |
| ①3 | 長 瀬 | 3 | 0 | 0 |
| ③ | 清 水 | 1 | 0 | 0 |
| 1 | 井 崎 | 1 | 0 | 0 |
| 4 | 小 林 | 1 | 0 | 0 |
| ⑤ | 山 口 | 3 | 1 | 0 |
| ⑨ | 森 | 1 | 0 | 0 |
| H9 | 保 足 | 2 | 1 | 0 |
| ④1 | 成 瀬 | 2 | 0 | 0 |
| ⑧ | 板 橋 | 3 | 0 | 0 |

| 振 | 球 | 犠 | 併 | 残 | 打 | 安 | 点 |
|---|---|---|---|---|---|---|---|
| 13 | 4 | 1 | 0 | 5 | 27 | 2 | 0 |

| 【白鷗足利】 | | 打 | 安 | 点 |
|---|---|---|---|---|
| ⑨ | 大 澤 | 4 | 1 | 0 |
| ⑧3 | 松 崎 | 4 | 2 | 0 |
| ④ | 磯 | 4 | 1 | 1 |
| ⑦8 | 高 橋 | 4 | 1 | 1 |
| ② | 石 丸 | 2 | 0 | 0 |
| ⑥ | 茂 木 | 1 | 1 | 1 |
| ③ | 谷 澤 | 1 | 0 | 0 |
| 8 | 吉 澤 | 2 | 0 | 0 |
| 1 | 大須賀 | 0 | 0 | 0 |
| ⑤ | 柴 田 | 4 | 1 | 1 |
| ① | 吉 沢 | 2 | 0 | 0 |
| 17 | 中 沢 | 2 | 1 | 1 |

| 振 | 球 | 犠 | 併 | 残 | 打 | 安 | 点 |
|---|---|---|---|---|---|---|---|
| 2 | 5 | 2 | 0 | 8 | 30 | 8 | 5 |

| 投手 | 回 | 打 | 安 | 失 |
|---|---|---|---|---|
| 長 瀬 | 40/3 | 20 | 5 | 2 |
| 井 崎 | 21/3 | 12 | 3 | 3 |
| 成 瀬 | 12/3 | 5 | 0 | 0 |
| 吉 沢 | 5 | 17 | 1 | 0 |
| 中 沢 | 2 | 6 | 0 | 0 |
| 大須賀 | 2 | 9 | 1 | 0 |

## 栃商 × 白鷗足利

**白鷗足利　盤石の継投**
**栃商打線、2安打沈黙**

白鷗大足利が盤石の試合運びで制した。二回に柴田の左前適時打で先制。五、六、七回と着実に得点を重ねた。投手陣も先発吉沢から3投手で13奪三振の完封リレー。栃木商は打線が2安打と沈黙。数少ない好機も1本が出なかった。

**2回戦**（清原球場）

| | | | | | | | | | | 計 |
|---|---|---|---|---|---|---|---|---|---|---|
| 栃 商 | 0 | 0 | 0 | 0 | 0 | 0 | 0 | 0 | 0 | 0 |
| 白鷗足利 | 0 | 1 | 0 | 0 | 1 | 1 | 2 | 0 | × | 5 |

▽三塁打　保足（栃）　▽二塁打　松崎、高橋、中沢（白）　▽盗塁　白4　▽暴投　栃1（井崎）
▽審判　（球）秋元篤（塁）簗瀬、新里、木村泰　▽試合時間　2時間6分

| 【鹿商工】 | | 打 | 安 | 点 |
|---|---|---|---|---|
| ⑥ | 見 目 | 2 | 0 | 0 |
| ④ | 佐 藤 | 2 | 0 | 0 |
| ⑧1 | 広瀬裕 | 2 | 0 | 0 |
| ⑤ | 松 元 | 2 | 1 | 0 |
| ② | 浜 田 | 2 | 0 | 0 |
| ⑦ | 小 又 | 1 | 0 | 0 |
| ③ | 坂 本 | 2 | 1 | 0 |
| ⑨ | 野 中 | 2 | 0 | 0 |
| ①8 | 巻 島 | 2 | 0 | 0 |

| 振 | 球 | 犠 | 併 | 残 | 打 | 安 | 点 |
|---|---|---|---|---|---|---|---|
| 0 | 1 | 0 | 1 | 3 | 17 | 2 | 0 |

| 【国学栃木】 | | 打 | 安 | 点 |
|---|---|---|---|---|
| ⑦ | 浅 田 | 3 | 2 | 1 |
| ⑥ | 最 上 | 3 | 1 | 0 |
| ④ | 関 | 2 | 1 | 0 |
| ⑧ | 海老原 | 2 | 1 | 0 |
| ⑤ | 成 田 | 2 | 1 | 2 |
| H | 金 子 | 1 | 0 | 0 |
| 5 | 菅 野 | 0 | 0 | 0 |
| ③ | 樋 口 | 3 | 3 | 2 |
| ⑨ | 佐 鳥 | 3 | 2 | 2 |
| ② | 伊 東 | 2 | 1 | 1 |
| ① | 青 木 | 1 | 0 | 0 |
| H | 坂 本 | 1 | 1 | 2 |

| 振 | 球 | 犠 | 併 | 残 | 打 | 安 | 点 |
|---|---|---|---|---|---|---|---|
| 1 | 2 | 2 | 0 | 4 | 23 | 13 | 10 |

| 投手 | 回 | 打 | 安 | 失 |
|---|---|---|---|---|
| 巻 島 | 2/3 | 8 | 5 | 5 |
| 広瀬裕 | 32/3 | 19 | 8 | 5 |
| 青 木 | 5 | 18 | 2 | 0 |

## 鹿商工 × 国学栃木

**国学栃木　攻撃力で圧倒**
**鹿商工、好機生かせず**

国学院栃木が猛打で圧倒。初回に打者一巡で5点を奪い、三回に佐鳥の2点本塁打などで3点。五回に代打坂本の2点適時打で決着をつけた。鹿沼商工は先発巻島が初回に打球直撃で降板。五回1死二、三塁の好機も無得点に終わった。

**2回戦**（清原球場）

| | | | | | | 計 | |
|---|---|---|---|---|---|---|---|
| 鹿商工 | 0 | 0 | 0 | 0 | 0 | 0 | |
| 国学栃木 | 5 | 0 | 3 | 0 | 2× | 10 | （五回コールド） |

▽本塁打　佐鳥（国）　▽三塁打　海老原（国）　▽二塁打　樋口（国）　▽盗塁　鹿3、国1
▽失策　鹿2　▽審判　（球）石川雅（塁）山田、岩上、栗田　▽試合時間　1時間5分

# 足利 × 宇工

## 足利、候補を下す金星 宇工 ミスで歯車狂う

隙のない攻撃を見せた足利が宇都宮工を下した。同点で迎えた六回、2連続バントヒットを足掛かりに田中の左前打などで3点を勝ち越し、七回も敵失で1点追加した。宇都宮工は2番手の功刀が誤算で六回に大きくリードを許した。

| 2回戦 (栃木県営球場) | | | | | | | | | | 計 |
|---|---|---|---|---|---|---|---|---|---|---|
| 足利 | 2 | 0 | 0 | 0 | 0 | 3 | 1 | 0 | 0 | 6 |
| 宇工 | 2 | 0 | 0 | 0 | 0 | 0 | 0 | 0 | 1 | 3 |

| 【足利】 | | 打 | 安 | 点 |
|---|---|---|---|---|
| ⑥ | 芹澤 | 3 | 1 | 0 |
| ④ | 小野 | 2 | 0 | 1 |
| ⑧ | 吉田 | 5 | 1 | 1 |
| ⑦ | 山地 | 5 | 1 | 0 |
| ⑨ | 須永 | 4 | 1 | 1 |
| ② | 遠藤 | 5 | 1 | 0 |
| ③ | 清水 | 4 | 1 | 0 |
| ① | 田中 | 3 | 3 | 1 |
| 1 | 掛本 | 0 | 0 | 0 |
| ⑤ | 木村 | 3 | 0 | 0 |

| 振 | 球 | 犠 | 併 | 残 | 打 | 安 | 点 |
|---|---|---|---|---|---|---|---|
| 4 | 5 | 3 | 0 | 9 | 34 | 9 | 4 |

| 【宇工】 | | 打 | 安 | 点 |
|---|---|---|---|---|
| ⑨ | 近藤 | 3 | 2 | 1 |
| ⑤ | 本橋 | 2 | 1 | 0 |
| H | 八木澤 | 1 | 1 | 0 |
| R5 | 鷹箸 | 1 | 0 | 0 |
| ⑦ | 柿沼 | 4 | 0 | 1 |
| ⑧ | 福田 | 3 | 0 | 1 |
| ④ | 坂和 | 3 | 0 | 0 |
| ③ | 武藤 | 3 | 0 | 0 |
| R | 村上 | 0 | 0 | 0 |
| 3 | 塙 | 1 | 0 | 0 |
| ② | 石川 | 4 | 0 | 0 |
| ⑥ | 落合 | 3 | 2 | 0 |
| ① | 橋本 | 0 | 0 | 0 |
| H | 野澤 | 1 | 1 | 0 |
| 1 | 功刀 | 0 | 0 | 0 |
| 1 | 植竹 | 0 | 0 | 0 |
| H | 堀江 | 1 | 1 | 0 |

| 振 | 球 | 犠 | 併 | 残 | 打 | 安 | 点 |
|---|---|---|---|---|---|---|---|
| 2 | 4 | 4 | 1 | 8 | 30 | 8 | 3 |

| 投手 | 回 | 打 | 安 | 失 |
|---|---|---|---|---|
| 田中 | 6 2/3 | 27 | 5 | 2 |
| 掛本 | 2 1/3 | 11 | 3 | 1 |
| 橋本 | 5 | 22 | 4 | 2 |
| 功刀 | 1 1/3 | 11 | 5 | 4 |
| 植竹 | 2 2/3 | 9 | 0 | 0 |

▽三塁打　芹澤(足)　▽二塁打　八木澤(宇)　▽盗塁　足1、宇1　▽失策　足1、宇2
▽暴投　足1(田中)　▽審判　(球)市村(塁)栗田、宮崎、鈴木　▽試合時間　2時間18分

# 烏山 × 石橋

## 石橋・石崎が満塁弾放つ 烏山、猛攻止められず

石橋が烏山にコールド勝ち。初回に小林の適時打で先制し二回以降も着実に加点。1～5番が全11安打を挙げ12点を奪った。主戦篠崎も最後まで危なげなかった。烏山は打線が2安打止まり。3投手の継投も流れを止められなかった。

| 2回戦 (栃木県営球場) | | | | | | | 計 | |
|---|---|---|---|---|---|---|---|---|
| 烏山 | 0 | 0 | 0 | 0 | 0 | 0 | 0 | |
| 石橋 | 1 | 4 | 0 | 3 | 0 | 4× | 12 | (六回コールド) |

| 【烏山】 | | 打 | 安 | 点 |
|---|---|---|---|---|
| ④ | 大森 | 3 | 0 | 0 |
| ⑥ | 根本 | 3 | 1 | 0 |
| ⑨ | 鈴木 | 2 | 0 | 0 |
| ② | 長山 | 2 | 0 | 0 |
| ⑧7 | 中根 | 2 | 1 | 0 |
| 7 | 片山 | 0 | 0 | 0 |
| ③ | 小松 | 1 | 0 | 0 |
| ⑤ | 岡 | 2 | 0 | 0 |
| ⑦ | 半田 | 1 | 0 | 0 |
| 1 | 相田 | 0 | 0 | 0 |
| 8 | 伴 | 1 | 0 | 0 |
| ① | 北條 | 0 | 0 | 0 |
| 181 | 助川 | 2 | 0 | 0 |

| 振 | 球 | 犠 | 併 | 残 | 打 | 安 | 点 |
|---|---|---|---|---|---|---|---|
| 6 | 0 | 1 | 0 | 2 | 19 | 2 | 0 |

| 【石橋】 | | 打 | 安 | 点 |
|---|---|---|---|---|
| ⑦ | 笹川 | 3 | 2 | 0 |
| ⑥ | 斎藤 | 2 | 2 | 2 |
| ② | 小林 | 2 | 2 | 1 |
| ⑧ | 深澤 | 4 | 3 | 3 |
| ⑤ | 石崎 | 4 | 2 | 6 |
| ⑨ | 石川 | 2 | 0 | 0 |
| ③ | 曽雌 | 2 | 0 | 0 |
| ④ | 小口 | 1 | 0 | 0 |
| ① | 篠崎 | 3 | 0 | 0 |

| 振 | 球 | 犠 | 併 | 残 | 打 | 安 | 点 |
|---|---|---|---|---|---|---|---|
| 3 | 6 | 3 | 0 | 5 | 23 | 11 | 12 |

| 投手 | 回 | 打 | 安 | 失 |
|---|---|---|---|---|
| 北條 | 1 2/3 | 11 | 3 | 4 |
| 助川 | 2 | 14 | 6 | 5 |
| 相田 | 1 1/3 | 7 | 2 | 3 |
| 篠崎 | 6 | 20 | 2 | 0 |

▽本塁打　石崎(石)　▽二塁打　斎藤、深澤、石崎(石)　▽盗塁　石2　▽暴投　烏1(相田)
▽審判　(球)野澤(塁)磯、鈴木、神山　▽試合時間　1時間30分

## 作新「10連覇」へ一歩 栃木、健闘も終盤力尽く

# 作新 × 栃木

17安打を放った作新学院が勝利。六回までは8安打を放ちつつも11残塁と得点のチャンスを逃していたが、七回に相場の2点適時打など4安打で4点を奪った。栃木は主戦新島を軸に中盤まで接戦を演じたが、最後まで粘れなかった。

| 2回戦 (栃木県営球場) | | | | | | | | | | 計 |
|---|---|---|---|---|---|---|---|---|---|---|
| 作新 | 0 | 0 | 1 | 1 | 0 | 0 | 4 | 1 | 1 | 8 |
| 栃木 | 0 | 1 | 0 | 0 | 1 | 0 | 0 | 0 | 0 | 2 |

▽二塁打　高久、相場(作)小林(栃)　▽盗塁　作6　▽失策　作2、栃4
▽野選　作1(佐藤)　▽審判　(球)金子(塁)木村泰、神山、野澤　▽試合時間　2時間26分

| 【作新】 | | 打 | 安 | 点 |
|---|---|---|---|---|
| ⑧ | 田代 | 3 | 0 | 0 |
| R8 | 片山 | 2 | 0 | 0 |
| 7 | 鈴木 | 1 | 0 | 0 |
| ④6 | 高久 | 4 | 1 | 0 |
| ⑤ | 大房 | 6 | 4 | 3 |
| ③ | 小口 | 3 | 0 | 0 |
| H3 | 池澤 | 2 | 1 | 1 |
| ⑦9 | 平塚 | 5 | 3 | 0 |
| ⑨8 | 相原 | 5 | 1 | 0 |
| ⑥1 | 相場 | 4 | 3 | 4 |
| ② | 渡辺 | 5 | 2 | 0 |
| ① | 佐藤 | 2 | 1 | 0 |
| H | 戎 | 1 | 1 | 0 |
| 14 | 林 | 1 | 0 | 0 |

| 振 | 球 | 犠 | 併 | 残 | 打 | 安 | 点 |
|---|---|---|---|---|---|---|---|
| 7 | 6 | 1 | 3 | 16 | 44 | 17 | 8 |

| 【栃木】 | | 打 | 安 | 点 |
|---|---|---|---|---|
| ② | 小林 | 3 | 1 | 0 |
| ⑨ | 坂田 | 4 | 0 | 0 |
| ①51 | 新島 | 2 | 0 | 0 |
| ③ | 岩崎 | 4 | 0 | 0 |
| ④ | 椎名 | 3 | 1 | 0 |
| ⑦ | 金子 | 2 | 0 | 0 |
| H | 篠崎 | 1 | 0 | 0 |
| ⑥ | 五十嵐 | 3 | 0 | 0 |
| ⑤ | 吉川 | 1 | 0 | 0 |
| 1 | 長野 | 0 | 0 | 0 |
| 5 | 吉田 | 0 | 0 | 0 |
| H | 碓氷 | 1 | 0 | 0 |
| 5 | 藤田 | 0 | 0 | 0 |
| ⑧ | 町田 | 2 | 0 | 0 |

| 振 | 球 | 犠 | 併 | 残 | 打 | 安 | 点 |
|---|---|---|---|---|---|---|---|
| 6 | 6 | 2 | 0 | 5 | 26 | 2 | 0 |

| 投手 | 回 | 打 | 安 | 失 |
|---|---|---|---|---|
| 佐藤 | 5 | 21 | 1 | 2 |
| 林 | 3 | 10 | 1 | 0 |
| 相場 | 1 | 3 | 0 | 0 |
| 新島 | 8 | 43 | 14 | 4 |
| 長野 | 1 | 8 | 3 | 4 |

# 栃農 × 小山

## 小山快勝、投打に隙なし 栃農　コールド負け喫す

小山が栃木農をコールドで下した。先発の福田は無四球の安定感で相手に得点を許さなかった。一方で打線は勝負強く、好機で確実に走者をかえした。栃木農は2番手で登板した小林諒が粘ったが、七回に2点を奪われ力尽きた。

| 2回戦 (とちぎ木の花スタジアム) | | | | | | | | 計 | |
|---|---|---|---|---|---|---|---|---|---|
| 栃農 | 0 | 0 | 0 | 0 | 0 | 0 | 0 | 0 | |
| 小山 | 2 | 1 | 0 | 2 | 0 | 0 | 2× | 7 | (七回コールド) |

▽三塁打　伊澤(小)　▽二塁打　星野(栃)石塚、栗山(小)　▽盗塁　小2　▽失策　栃1
▽ボーク　栃1(星野)　▽審判　(球)船越(塁)阿見、富永、吉田　▽試合時間　1時間36分

| 投手 | 回 | 打 | 安 | 失 |
|---|---|---|---|---|
| 星野 | 4 | 23 | 9 | 5 |
| 小林諒 | 2 2/3 | 12 | 3 | 2 |
| 福田 | 7 | 24 | 4 | 0 |

| 【栃農】 | | 打 | 安 | 点 |
|---|---|---|---|---|
| ⑧7 | 福田将 | 3 | 2 | 0 |
| ⑥ | 塚原 | 3 | 0 | 0 |
| ①8 | 星野 | 3 | 1 | 0 |
| ② | 鈴木 | 3 | 0 | 0 |
| ③ | 小林我 | 3 | 0 | 0 |
| 3 | 戸崎 | 0 | 0 | 0 |
| ⑦ | バスネット | 2 | 0 | 0 |
| 1 | 小林諒 | 1 | 0 | 0 |
| ⑤ | 横塚 | 2 | 0 | 0 |
| ⑨ | 中村 | 2 | 0 | 0 |
| ④ | 増山 | 2 | 1 | 0 |

| 振 | 球 | 犠 | 併 | 残 | 打 | 安 | 点 |
|---|---|---|---|---|---|---|---|
| 6 | 0 | 0 | 0 | 3 | 24 | 4 | 0 |

| 【小山】 | | 打 | 安 | 点 |
|---|---|---|---|---|
| ⑥ | 谷島 | 3 | 1 | 0 |
| ④ | 伊澤 | 3 | 2 | 1 |
| ⑨ | 石塚 | 4 | 2 | 2 |
| ① | 福田 | 4 | 2 | 1 |
| ③ | 山口 | 4 | 3 | 1 |
| ⑧ | 中山 | 4 | 1 | 0 |
| ⑤ | 海老沼 | 3 | 0 | 0 |
| H | 今泉 | 1 | 0 | 0 |
| ② | 栗山 | 3 | 1 | 2 |
| ⑦ | 高橋 | 1 | 0 | 0 |

| 振 | 球 | 犠 | 併 | 残 | 打 | 安 | 点 |
|---|---|---|---|---|---|---|---|
| 4 | 4 | 1 | 1 | 8 | 30 | 12 | 7 |

## 宇短大付、投打に盤石 シード宇南 1点止まり

# 宇短大付 × 宇南

宇都宮短大付の投打がかみ合った。打線は二回に鮎田、森山の適時打で3得点。八回に主砲福田が左越えソロ本塁打を放ち、好投の先発・中村を援護した。宇都宮南は七回に金枝らの連打から1点を返したが及ばなかった。

| 2回戦 | (清原球場) | | | | | | | | | 計 |
|---|---|---|---|---|---|---|---|---|---|---|
| 宇短大付 | 0 | 3 | 0 | 0 | 0 | 0 | 0 | 1 | 0 | 4 |
| 宇南 | 0 | 0 | 0 | 0 | 0 | 0 | 1 | 0 | 0 | 1 |

▽本塁打 福田(短) ▽二塁打 森山(短) ▽盗塁 短1、南2 ▽失策 短1
▽暴投 南1(石崎) ▽審判 (球)石川雅(塁)松島明、玉田、後藤 ▽試合時間 2時間3分

| 【宇短大付】 | | 打 | 安 | 点 |
|---|---|---|---|---|
| ③ | 鮎田 | 4 | 2 | 1 |
| ⑦ | 森山 | 3 | 1 | 2 |
| ⑥ | 竹谷 | 4 | 1 | 0 |
| ⑤ | 福田 | 5 | 3 | 1 |
| ② | 伊藤 | 3 | 0 | 0 |
| ④ | 池沢 | 3 | 0 | 0 |
| ⑧ | 佐藤颯 | 3 | 0 | 0 |
| ⑨ | 蓑輪 | 4 | 2 | 0 |
| ① | 中村 | 4 | 0 | 0 |

| 振 | 球 | 犠 | 併 | 残 | 打 | 安 | 点 |
|---|---|---|---|---|---|---|---|
| 8 | 6 | 2 | 2 | 10 | 33 | 9 | 4 |

| 【宇南】 | | 打 | 安 | 点 |
|---|---|---|---|---|
| ④ | 坂本法 | 3 | 1 | 0 |
| ⑨ | 辻 | 4 | 0 | 0 |
| ⑦ | 杉山 | 4 | 1 | 0 |
| ⑥ | 金枝 | 4 | 1 | 0 |
| ⑧ | 星野 | 4 | 0 | 0 |
| ⑤ | 沼倉 | 2 | 0 | 0 |
| ③ | 北原 | 3 | 1 | 1 |
| ② | 伊藤 | 3 | 0 | 0 |
| ① | 矢田部 | 1 | 0 | 0 |
| H | 坂本叶 | 1 | 0 | 0 |
| 1 | 石崎 | 0 | 0 | 0 |
| H | 菅原 | 1 | 0 | 0 |
| 1 | 神山 | 0 | 0 | 0 |

| 振 | 球 | 犠 | 併 | 残 | 打 | 安 | 点 |
|---|---|---|---|---|---|---|---|
| 5 | 2 | 0 | 1 | 4 | 30 | 4 | 1 |

| 投手 | 回 | 打 | 安 | 失 |
|---|---|---|---|---|
| 中村 | 9 | 32 | 4 | 1 |
| 矢田部 | 6 | 25 | 5 | 3 |
| 石崎 | 2 | 10 | 2 | 1 |
| 神山 | 1 | 6 | 2 | 0 |

# 宇都宮 × 那須清峰

## 那須清峰 効率よく得点 宇都宮、終盤の反撃届かず

那須清峰が4安打4得点と効率の良い攻撃を披露。二回は平山のスクイズなどで2点先制。五回は小松の適時打などで2点を加えた。宇都宮は主戦堀越が7四死球と乱調。攻撃も七回に原田の適時三塁打で返した1点のみにとどまった。

| 2回戦 | (清原球場) | | | | | | | | | 計 |
|---|---|---|---|---|---|---|---|---|---|---|
| 宇都宮 | 0 | 0 | 0 | 0 | 0 | 0 | 0 | 1 | 0 | 1 |
| 那須清峰 | 0 | 2 | 0 | 0 | 2 | 0 | 0 | 0 | × | 4 |

▽三塁打 原田(宇) ▽盗塁 宇1 ▽失策 宇1、那1
▽審判 (球)大山(塁)簗瀬、秋元英、松本 ▽試合時間 1時間38分

| 【宇都宮】 | | 打 | 安 | 点 |
|---|---|---|---|---|
| ⑦ | 岸 | 4 | 0 | 0 |
| ⑥ | 斎藤 | 4 | 1 | 0 |
| ⑨ | 藤木 | 4 | 1 | 0 |
| ⑤ | 原田 | 4 | 2 | 1 |
| ② | 菊池 | 4 | 0 | 0 |
| ③ | 大久保 | 4 | 1 | 0 |
| ④ | 竹山 | 3 | 1 | 0 |
| ⑧ | 早川 | 4 | 2 | 0 |
| ① | 堀越 | 2 | 0 | 0 |
| 1 | 大須賀 | 2 | 0 | 0 |

| 振 | 球 | 犠 | 併 | 残 | 打 | 安 | 点 |
|---|---|---|---|---|---|---|---|
| 4 | 1 | 0 | 1 | 8 | 35 | 8 | 1 |

| 投手 | 回 | 打 | 安 | 失 |
|---|---|---|---|---|
| 堀越 | 5 | 24 | 4 | 4 |
| 大須賀 | 3 | 10 | 0 | 0 |
| 小松 | 6 | 23 | 4 | 0 |
| 黒坂 | 3 | 13 | 4 | 1 |

| 【那須清峰】 | | 打 | 安 | 点 |
|---|---|---|---|---|
| ⑤ | 高秀 | 1 | 0 | 0 |
| ⑦ | 谷森 | 3 | 0 | 0 |
| ② | 阪本 | 2 | 0 | 0 |
| ⑥ | 小藤 | 2 | 0 | 0 |
| 6 | 酒井 | 0 | 0 | 0 |
| ③ | 藤田 | 2 | 0 | 1 |
| ① | 小松 | 3 | 2 | 1 |
| 1 | 黒坂 | 1 | 0 | 0 |
| ⑨ | 伊藤 | 2 | 1 | 1 |
| H | 大平 | 1 | 0 | 0 |
| 9 | 辻 | 1 | 0 | 0 |
| ⑧ | 益子 | 3 | 1 | 0 |
| ④ | 平山 | 1 | 0 | 1 |

| 振 | 球 | 犠 | 併 | 残 | 打 | 安 | 点 |
|---|---|---|---|---|---|---|---|
| 7 | 8 | 4 | 0 | 6 | 22 | 4 | 4 |

| 【那須拓陽】 | | 打 | 安 | 点 |
|---|---|---|---|---|
| ⑦ | 畠　山 | 3 | 0 | 0 |
| 7 | 薄井和 | 1 | 0 | 0 |
| ⑧ | 国　井 | 4 | 1 | 0 |
| ② | 鈴　木 | 5 | 1 | 0 |
| ⑥ | 仲　野 | 4 | 2 | 1 |
| ③ | 土　橋 | 5 | 1 | 0 |
| ⑨ | 小　川 | 4 | 0 | 0 |
| ④ | 薄井翔 | 3 | 1 | 0 |
| ⑤ | 前　田 | 5 | 1 | 1 |
| ① | 佐　藤 | 4 | 1 | 2 |

| 振 | 球 | 犠 | 併 | 残 | 打 | 安 | 点 |
|---|---|---|---|---|---|---|---|
| 13 | 5 | 1 | 1 | 10 | 38 | 8 | 4 |

| 【足大付】 | | 打 | 安 | 点 |
|---|---|---|---|---|
| ⑧ | 上　原 | 4 | 0 | 0 |
| ⑦ | 菊　地 | 4 | 1 | 0 |
| ③9 | 関　口 | 4 | 2 | 0 |
| ⑤3 | 谷 | 4 | 2 | 1 |
| ⑨ | 小谷野 | 2 | 0 | 0 |
| 6 | 渡辺夏 | 2 | 0 | 1 |
| ① | 小　林 | 3 | 0 | 0 |
| 4 | 籠　谷 | 0 | 0 | 0 |
| H | 牛　久 | 1 | 0 | 0 |
| ② | 杉　本 | 3 | 0 | 0 |
| ④5 | 吉田成 | 3 | 0 | 0 |
| ⑥ | 吉田稔 | 1 | 0 | 0 |
| 51 | 荒　川 | 2 | 2 | 0 |

| 振 | 球 | 犠 | 併 | 残 | 打 | 安 | 点 |
|---|---|---|---|---|---|---|---|
| 5 | 0 | 0 | 0 | 4 | 33 | 7 | 2 |

| 投手 | 回 | 打 | 安 | 失 |
|---|---|---|---|---|
| 佐　藤 | 9 | 33 | 7 | 2 |
| 小　林 | 7 | 33 | 7 | 5 |
| 荒　川 | 2 | 11 | 1 | 2 |

## 那須拓陽　光る集中打
## 足大付、守備の乱れ響く

那須拓陽が集中打で試合を決めた。六回は前田、佐藤のしぶとく逆方向へ打ち返す適時打などで一挙4得点。投げては佐藤が無四球で1失点完投と安定した投球を見せた。足利大付は5失策と守備の乱れもあり一気に突き放された。

# 那須拓陽 × 足大付

| 2回戦 （清原球場） | | | | | | | | | | 計 |
|---|---|---|---|---|---|---|---|---|---|---|
| 那須拓陽 | 0 | 0 | 0 | 0 | 0 | 4 | 1 | 0 | 2 | 7 |
| 足大付 | 0 | 0 | 0 | 1 | 0 | 0 | 0 | 0 | 1 | 2 |

▽二塁打　国井、仲野2（那）　▽盗塁　那3、足2　▽失策　那1、足5　▽暴投　足1（荒川）
▽審判　（球）松本（塁）秋元英、大山、駒場　▽試合時間　2時間19分

| 【白　楊】 | | 打 | 安 | 点 |
|---|---|---|---|---|
| ② | 川島悠 | 4 | 2 | 0 |
| ① | 吉　澤 | 4 | 1 | 0 |
| ⑥ | 藤　田 | 4 | 1 | 0 |
| ⑧ | 小　野 | 4 | 2 | 0 |
| ④ | 森 | 4 | 1 | 1 |
| ⑤ | 新　井 | 3 | 1 | 0 |
| ③ | 須　藤 | 3 | 0 | 0 |
| 3 | 枝　野 | 0 | 0 | 0 |
| ⑨ | 稲　田 | 2 | 0 | 0 |
| H | 川島範 | 1 | 0 | 0 |
| 7 | 大嶋唯 | 0 | 0 | 0 |
| ⑦9 | 大嶋健 | 3 | 0 | 0 |

| 振 | 球 | 犠 | 併 | 残 | 打 | 安 | 点 |
|---|---|---|---|---|---|---|---|
| 9 | 0 | 0 | 0 | 4 | 32 | 8 | 1 |

| 投手 | 回 | 打 | 安 | 失 |
|---|---|---|---|---|
| 吉　澤 | 8 | 33 | 7 | 3 |
| 山　中 | 9 | 32 | 8 | 1 |

| 【小山西】 | | 打 | 安 | 点 |
|---|---|---|---|---|
| ⑧7 | 漆　原 | 4 | 2 | 2 |
| ⑤ | 須　藤 | 3 | 2 | 0 |
| ⑨ | 菊　池 | 4 | 0 | 0 |
| ② | 栗　原 | 4 | 1 | 1 |
| ⑦ | 猪　瀬 | 3 | 0 | 0 |
| 7 | 三　浦 | 0 | 0 | 0 |
| H | 中　田 | 1 | 0 | 0 |
| 8 | 月　井 | 0 | 0 | 0 |
| ① | 山　中 | 3 | 1 | 0 |
| ③ | 松　島 | 3 | 0 | 0 |
| H | 生　井 | 0 | 0 | 0 |
| 3 | 篠　崎 | 0 | 0 | 0 |
| ④ | 七　原 | 2 | 0 | 0 |
| ⑥ | 久　我 | 2 | 1 | 0 |

| 振 | 球 | 犠 | 併 | 残 | 打 | 安 | 点 |
|---|---|---|---|---|---|---|---|
| 0 | 0 | 2 | 2 | 6 | 29 | 7 | 3 |

## 小山西リード守り切る
## 白楊、好機に1本なく

小山西が接戦をものにした。初回に栗原の中前適時打で先制すると二回にも2点を追加。投げては先発の山中が好投し、序盤のリードを守り切った。宇都宮白楊打線は8安打を放ったが、好機で1本が出ず反撃も1点にとどまった。

| 2回戦 （とちぎ木の花スタジアム） | | | | | | | | | | 計 |
|---|---|---|---|---|---|---|---|---|---|---|
| 白　楊 | 0 | 0 | 0 | 0 | 0 | 0 | 1 | 0 | 0 | 1 |
| 小山西 | 1 | 2 | 0 | 0 | 0 | 0 | 0 | 0 | × | 3 |

▽三塁打　小野（白）　▽二塁打　吉澤、新井（白）須藤、山中（小）
▽失策　白1　▽審判　（球）木村智（塁）山田、石川誠、笠井
▽試合時間　1時間50分

# 白楊 × 小山西

写真グラフ
2021 SUMMER

# 苦難乗り越え つかんだ勝利

## 栃木大会2回戦

2回戦 石橋（対烏山）

都宮南）

2回戦 作新（対栃木）

2回戦 佐野日大（対茂木）

2回戦 鹿沼（対足利南）

2回戦 真岡
（対小山南）

2回戦 足利（対宇工）

2回戦 那須拓陽（対足大付）

2回戦 宇短大付（対宇南）

2回戦 白鷗足利（対栃商）

2回戦 那須清峰（対宇都宮）

2回戦 小山

2回戦 宇北

2回戦 宇都

2回戦 栃木（対作新）

写真グラフ　2021 SUMMER

# 真夏の輝き　敗れてもなお

## 栃木大会2回戦

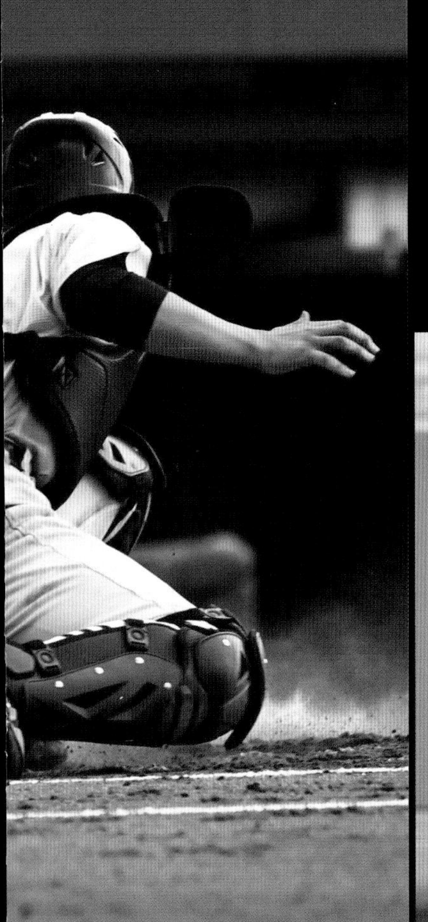

2回戦 小山南（対真岡）

2回戦 烏山（対石橋）

2回戦 宇都宮（対那須清峰）

2回戦 宇南（対宇短大付）

2回戦 白楊（対小山西）

2回戦 鹿商工（対国学栃木）

2回戦 栃農（対小山）

2回戦 宇都宮（対那須清峰）

2回戦 栃木（対作新）

2回戦 足大付（対那須拓陽）

写真グラフ　2021 SUMMER

# 真夏の輝き　敗れてもなお

## 栃木大会2回戦

2回戦　青藍泰斗（対幸福）

2回戦 宇工(対足利)

2回戦 足大付(対那須拓陽)

2回戦 栃商(対白鷗足利)

2回戦 足利南(対鹿沼)

2回戦 栃工(対宇北)

2回戦

2回戦 足利南(対鹿沼)

2回戦 宇工(対足利)

## 宇北　完封リレー発進　鹿沼南はホーム遠く

# 鹿沼南 × 宇 北

宇都宮北が序盤のリードを守り切った。初回に横山隼の2点適時内野安打で先制し三、四回にも1点ずつ加点。投げては砂押と桧山が2人で11奪三振、無失点とつないだ。鹿沼南は斎藤、石川浩の2投手が踏ん張ったが1点が遠かった。

| 【鹿沼南】 | | 打 | 安 | 点 |
|---|---|---|---|---|
| ⑧ | 石川善 | 4 | 1 | 0 |
| ④ | 小野口 | 1 | 0 | 0 |
| ⑥ | 宮　部 | 4 | 0 | 0 |
| ⑤ | 豊　田 | 4 | 0 | 0 |
| ③ | 石川太 | 3 | 1 | 0 |
| ⑨7 | 小　倉 | 4 | 2 | 0 |
| ② | 森　藤 | 4 | 0 | 0 |
| ⑦ | 大　森 | 2 | 0 | 0 |
| 9 | 田　辺 | 1 | 0 | 0 |
| ① | 斎　藤 | 2 | 1 | 0 |
| 1 | 石川浩 | 1 | 0 | 0 |

| 振 | 球 | 犠 | 併 | 残 | 打 | 安 | 点 |
|---|---|---|---|---|---|---|---|
| 11 | 3 | 1 | 0 | 7 | 30 | 5 | 0 |

| 【宇　北】 | | 打 | 安 | 点 |
|---|---|---|---|---|
| ② | 岡　村 | 5 | 0 | 0 |
| ⑥ | 須　藤 | 3 | 1 | 0 |
| ⑦ | 川　村 | 4 | 0 | 0 |
| ⑤ | 多田出 | 3 | 0 | 0 |
| ⑨ | 横山隼 | 4 | 2 | 3 |
| ④ | 佐　藤 | 2 | 0 | 0 |
| ③ | 工　藤 | 4 | 0 | 0 |
| ⑧1 | 桧　山 | 4 | 3 | 0 |
| ①8 | 砂　押 | 2 | 0 | 0 |

| 振 | 球 | 犠 | 併 | 残 | 打 | 安 | 点 |
|---|---|---|---|---|---|---|---|
| 4 | 7 | 1 | 1 | 11 | 31 | 6 | 3 |

| 投　手 | 回 | 打 | 安 | 失 |
|---|---|---|---|---|
| 斎　藤 | 5 | 28 | 4 | 4 |
| 石川浩 | 3 | 11 | 2 | 0 |
| 砂　押 | 5 | 21 | 4 | 0 |
| 桧　山 | 4 | 13 | 1 | 0 |

| 1回戦 | （栃木県営球場） | | | | | | | | | 計 |
|---|---|---|---|---|---|---|---|---|---|---|
| 鹿沼南 | 0 | 0 | 0 | 0 | 0 | 0 | 0 | 0 | 0 | 0 |
| 宇　北 | 2 | 0 | 1 | 1 | 0 | 0 | 0 | 0 | × | 4 |

▽盗塁　鹿3、宇8　▽失策　鹿3、宇1　▽暴投　鹿4（斎藤4）
▽審判（球）石橋（塁）新里、阿久津、寺地　▽試合時間　2時間10分

## 栃工猛攻 三回17得点　益子芳星・那須粘れず

# 益子芳星・那須 × 栃 工

相手の制球難に乗じて攻めた栃木工が圧勝。4点リードの三回には14四球に佐藤、野代らの適時打を絡め一挙17得点を奪った。益子芳星・那須は初回に先頭の中山が安打を放ち好機をつくったが、以降は相手の継投の前に抑え込まれた。

| 【益子芳星・那須】 | | 打 | 安 | 点 |
|---|---|---|---|---|
| ④ | 中　山 | 2 | 2 | 0 |
| ⑥ | 柳　岡 | 1 | 0 | 0 |
| ⑤135 | 印　南 | 2 | 0 | 0 |
| ③13 | ヘレラ | 2 | 0 | 0 |
| ⑧ | 小　室 | 2 | 1 | 0 |
| ⑨ | 田野実 | 1 | 0 | 0 |
| 9 | 藤　森 | 1 | 0 | 0 |
| ①517 | 星　野 | 2 | 0 | 0 |
| ② | 小　堀 | 2 | 0 | 0 |
| ⑦1 | 河　原 | 1 | 0 | 0 |

| 振 | 球 | 犠 | 併 | 残 | 打 | 安 | 点 |
|---|---|---|---|---|---|---|---|
| 6 | 0 | 1 | 0 | 2 | 16 | 3 | 0 |

| 【栃　工】 | | 打 | 安 | 点 |
|---|---|---|---|---|
| ⑥ | 生　沼 | 2 | 1 | 1 |
| 4 | 内　田 | 0 | 0 | 0 |
| ⑤ | 中　島 | 3 | 1 | 3 |
| 5 | 早乙女 | 0 | 0 | 0 |
| ⑦ | 佐　藤 | 2 | 1 | 1 |
| 7 | 稲　葉 | 1 | 1 | 0 |
| ③ | 野　代 | 3 | 1 | 2 |
| R | 星　野 | 0 | 0 | 0 |
| H3 | 清　水 | 1 | 0 | 0 |
| ⑨8 | 五月女 | 2 | 0 | 1 |
| ② | 尾　池 | 1 | 1 | 3 |
| 2 | 小　倉 | 0 | 0 | 0 |
| ⑧ | 吉　村 | 2 | 1 | 4 |
| 1 | 赤羽根 | 0 | 0 | 0 |
| 1 | 加　藤 | 0 | 0 | 0 |
| ① | 館　野 | 0 | 0 | 1 |
| H9 | 梅　田 | 0 | 0 | 0 |
| ④6 | 高　久 | 3 | 1 | 3 |

| 振 | 球 | 犠 | 併 | 残 | 打 | 安 | 点 |
|---|---|---|---|---|---|---|---|
| 3 | 20 | 0 | 1 | 6 | 20 | 8 | 19 |

| 投　手 | 回 | 打 | 安 | 失 |
|---|---|---|---|---|
| 星　野 | 2/3 | 8 | 0 | 3 |
| 印　南 | 1 2/3 | 18 | 5 | 13 |
| ヘレラ | 0/3 | 5 | 2 | 5 |
| 星　野 | 2/3 | 5 | 0 | 0 |
| 河　原 | 1 | 4 | 1 | 1 |
| 館　野 | 3 | 10 | 2 | 0 |
| 赤羽根 | 1 | 3 | 0 | 0 |
| 加　藤 | 1 | 4 | 1 | 0 |

| 1回戦 | （栃木県営球場） | | | | | 計 | |
|---|---|---|---|---|---|---|---|
| 益子芳星・那須 | 0 | 0 | 0 | 0 | 0 | 0 | |
| 栃　工 | 3 | 1 | 17 | 1 | × | 22 | （五回コールド） |

▽三塁打　稲葉、生沼（栃）　▽盗塁　栃2　▽失策　益2、栃1　▽暴投　益4（印南2、ヘレラ1、河原1）
▽審判　（球）小林大（塁）大山、船山、岩上　▽試合時間　1時間51分

| 【栃　商】 | | 打 | 安 | 点 |
|---|---|---|---|---|
| ⑦ | 石　山 | 5 | 3 | 1 |
| ⑨ | 保　足 | 5 | 1 | 0 |
| 1 | 井　崎 | 0 | 0 | 0 |
| ② | 新　村 | 4 | 1 | 0 |
| ①3 | 長　瀬 | 5 | 2 | 3 |
| ③ | 清　水 | 4 | 0 | 0 |
| H9 | 森 | 1 | 0 | 0 |
| ⑥ | 此　元 | 4 | 3 | 2 |
| ⑤ | 山　口 | 4 | 2 | 0 |
| ④ | 成　瀬 | 4 | 0 | 0 |
| ⑧ | 板　橋 | 4 | 3 | 0 |

| 振 | 球 | 犠 | 併 | 残 | 打 | 安 | 点 |
|---|---|---|---|---|---|---|---|
| 4 | 2 | 0 | 0 | 8 | 40 | 15 | 6 |

| 【真岡北陵】 | | 打 | 安 | 点 |
|---|---|---|---|---|
| ⑧ | 二　瓶 | 4 | 0 | 0 |
| ⑦179 | 伊　藤 | 3 | 0 | 0 |
| H | 平　松 | 1 | 0 | 0 |
| ⑨4 | 石　川 | 3 | 2 | 0 |
| ④5 | 桧　山 | 3 | 0 | 0 |
| ⑥ | 鈴　木 | 3 | 1 | 0 |
| ② | 上　野 | 3 | 0 | 0 |
| ③ | 国　安 | 3 | 0 | 0 |
| ⑤ | 黒　木 | 1 | 0 | 0 |
| H | 橋　本 | 1 | 0 | 0 |
| 1 | 榎　本 | 1 | 0 | 0 |
| ①717 | 高　橋 | 3 | 0 | 0 |

| 振 | 球 | 犠 | 併 | 残 | 打 | 安 | 点 |
|---|---|---|---|---|---|---|---|
| 6 | 0 | 0 | 1 | 2 | 29 | 3 | 0 |

## 栃商、投打に盤石
## 真岡北稜、本塁遠く

栃木商の主戦長瀬が投打で活躍した。安定した投球で8回を散発3安打無失点。此元の本塁打などで4点リードの九回には駄目押しの3点適時二塁打を放った。真岡北陵は八回、鈴木の右前打を足場に1死二塁としたが1点が遠かった。

| 投手 | 回 | 打 | 安 | 失 |
|---|---|---|---|---|
| 長　瀬 | 8 | 26 | 3 | 0 |
| 井　崎 | 1 | 3 | 0 | 0 |
| 高　橋 | 5 2/3 | 27 | 10 | 4 |
| 伊　藤 | 1/3 | 1 | 0 | 0 |
| 榎　本 | 3 | 14 | 5 | 3 |

# 栃商 × 真岡北陵

| 1回戦 | (栃木県営球場) | | | | | | | | | 計 |
|---|---|---|---|---|---|---|---|---|---|---|
| 栃　商 | 0 | 1 | 0 | 2 | 1 | 0 | 0 | 0 | 3 | 7 |
| 真岡北陵 | 0 | 0 | 0 | 0 | 0 | 0 | 0 | 0 | 0 | 0 |

▽本塁打　此元(栃)　▽二塁打　此元、長瀬(栃)　▽盗塁　栃2　▽失策　栃1、真1
▽審判　(球)木村智(塁)松本、寺地、市村　▽試合時間　1時間53分

| 【栃木翔南】 | | 打 | 安 | 点 |
|---|---|---|---|---|
| ③ | 須　長 | 3 | 0 | 0 |
| ⑤ | 風　見 | 4 | 0 | 0 |
| ⑦ | 辺　見 | 4 | 2 | 0 |
| ⑨1 | 高　久 | 4 | 0 | 0 |
| ①98 | 猪　野 | 3 | 0 | 0 |
| ② | 室　井 | 3 | 1 | 0 |
| ⑧ | 田　中 | 3 | 0 | 0 |
| 9 | 加　藤 | 0 | 0 | 0 |
| ⑥ | 寺　内 | 3 | 0 | 0 |
| ④ | 岸 | 3 | 1 | 0 |

| 振 | 球 | 犠 | 併 | 残 | 打 | 安 | 点 |
|---|---|---|---|---|---|---|---|
| 13 | 0 | 1 | 0 | 4 | 30 | 4 | 0 |

| 【真　岡】 | | 打 | 安 | 点 |
|---|---|---|---|---|
| ④3 | 菊　地 | 3 | 0 | 0 |
| ⑤ | 小　堀 | 4 | 0 | 0 |
| ⑦ | 江　面 | 3 | 2 | 0 |
| ② | 柳　田 | 3 | 0 | 0 |
| ③ | 角　川 | 3 | 2 | 0 |
| R | 中　島 | 0 | 0 | 0 |
| 4 | 金　澤 | 0 | 0 | 0 |
| ⑨ | 岡　部 | 4 | 1 | 1 |
| ⑥ | 吉　倉 | 3 | 0 | 0 |
| ① | 小　林 | 3 | 0 | 0 |
| ⑧ | 山　根 | 3 | 0 | 0 |

| 振 | 球 | 犠 | 併 | 残 | 打 | 安 | 点 |
|---|---|---|---|---|---|---|---|
| 6 | 3 | 1 | 0 | 8 | 29 | 5 | 1 |

| 投手 | 回 | 打 | 安 | 失 |
|---|---|---|---|---|
| 猪　野 | 5 2/3 | 23 | 3 | 1 |
| 高　久 | 2 1/3 | 10 | 2 | 0 |
| 小　林 | 9 | 31 | 4 | 0 |

# 栃木翔南 × 真岡

## 真岡、投手戦制す
## 栃木翔南、1点に泣く

投手戦を真岡が制した。主戦小林が圧巻の投球で13奪三振。打っては六回、角川、岡部の連打で決勝点をもぎ取った。栃木翔南は三回に2死二塁で辺見が左前打。二走・岸が生還を試みたが、相手の好返球に阻まれた。

| 1回戦 | (栃木県営球場) | | | | | | | | | 計 |
|---|---|---|---|---|---|---|---|---|---|---|
| 栃木翔南 | 0 | 0 | 0 | 0 | 0 | 0 | 0 | 0 | 0 | 0 |
| 真　岡 | 0 | 0 | 0 | 0 | 0 | 1 | 0 | 0 | × | 1 |

▽二塁打　江面2(真)　▽盗塁　栃1　▽失策　栃1、真1
▽審判　(球)船山(塁)新里、簗瀬、松島浩　▽試合時間2時間0分

| 【高根沢】 | | 打 | 安 | 点 |
|---|---|---|---|---|
| ④ | 斎藤 | 2 | 0 | 0 |
| H | 和気 | 1 | 0 | 0 |
| ⑧ | 竹井 | 1 | 0 | 0 |
| ⑤ | 林 | 2 | 0 | 0 |
| ⑥ | 竹田 | 2 | 0 | 0 |
| ② | 栫 | 2 | 0 | 0 |
| ⑨1 | 栄田 | 1 | 0 | 0 |
| ③ | 阿久津 | 2 | 1 | 0 |
| ⑦9 | 渡辺翔 | 2 | 0 | 0 |
| ① | 馬崎 | 0 | 0 | 0 |
| 1 | 渡辺涼 | 1 | 0 | 0 |
| 7 | 長谷川 | 1 | 0 | 0 |

| 振 | 球 | 犠 | 併 | 残 | 打 | 安 | 点 |
|---|---|---|---|---|---|---|---|
| 9 | 2 | 0 | 0 | 4 | 17 | 1 | 0 |

| 【佐野日大】 | | 打 | 安 | 点 |
|---|---|---|---|---|
| ⑧ | 川崎 | 2 | 1 | 0 |
| ⑥ | 増山 | 2 | 1 | 3 |
| ⑦ | 大関 | 3 | 3 | 4 |
| 7 | 大海 | 0 | 0 | 0 |
| ⑤ | 岡佐 | 3 | 0 | 0 |
| ⑨ | 丸山 | 3 | 1 | 1 |
| ③ | 腰塚 | 3 | 0 | 0 |
| 3 | 関口 | 0 | 0 | 0 |
| ② | 残間 | 3 | 2 | 0 |
| ④ | 狩野 | 1 | 1 | 0 |
| 4 | 古河 | 1 | 0 | 0 |
| ① | 大門 | 1 | 1 | 2 |
| H | 青木 | 0 | 0 | 0 |
| 1 | 佐久間 | 0 | 0 | 0 |
| 1 | 畑 | 0 | 0 | 0 |

| 振 | 球 | 犠 | 併 | 残 | 打 | 安 | 点 |
|---|---|---|---|---|---|---|---|
| 2 | 2 | 1 | 0 | 3 | 22 | 10 | 10 |

## 佐野日大 打線が爆発　高根沢、リズムつくれず

# 高根沢 × 佐野日大

佐野日大打線が爆発した。2点リードの二回は大門の2点適時打の後、川崎、増山、大関が3連続二塁打。三回も大関の適時打などで3点を加えた。高根沢は二回の阿久津の中前打のみ。竹井利、斎藤は盗塁を決めたが本塁が遠かった。

| 投手 | 回 | 打 | 安 | 失 |
|---|---|---|---|---|
| 馬崎 | 1 0/3 | 11 | 7 | 7 |
| 渡辺涼 | 2 2/3 | 13 | 3 | 3 |
| 栄田 | 1/3 | 1 | 0 | 0 |
| 大門 | 3 | 12 | 1 | 0 |
| 佐久間 | 1 | 4 | 0 | 0 |
| 畑 | 1 | 3 | 0 | 0 |

| 1回戦 | （栃木県営球場） | | | | | 計 |
|---|---|---|---|---|---|---|
| 高根沢 | 0 | 0 | 0 | 0 | 0 | 0 |
| 佐野日大 | 2 | 5 | 3 | 0 | × | 10（五回コールド） |

▽三塁打　丸山（佐）　▽二塁打　川崎、増山、大関、残間（佐）　▽盗塁　高2　▽失策　高3、佐1
▽審判　（球）舩越（塁）小林伸、山田、阿見　▽試合時間　1時間11分

# 小山南 × 今市

## 小山南、後半に攻勢　先制の今市、追加点奪えず

後半攻勢を強めた小山南が今市に逆転勝ち。1点を追う六回、金子の中犠飛で追い付き、七回は水島の左前適時打で勝ち越し。八回にも3点を追加した。今市は三回、柳田の左前適時打で1点先制したが、追加点を奪えなかった。

| 1回戦 | （栃木県営球場） | | | | | | | | | 計 |
|---|---|---|---|---|---|---|---|---|---|---|
| 小山南 | 0 | 0 | 0 | 0 | 0 | 1 | 1 | 3 | 0 | 5 |
| 今市 | 0 | 0 | 1 | 0 | 0 | 0 | 0 | 0 | 0 | 1 |

▽二塁打　高瀬、水島（小）　▽失策　小2、今2　▽暴投　今1（高木）
▽審判　（球）和田（塁）栗田、秋元篤、富永　▽試合時間　2時間11分

| 【小山南】 | | 打 | 安 | 点 |
|---|---|---|---|---|
| ⑥ | 田波 | 4 | 0 | 0 |
| ⑨ | 北條 | 2 | 1 | 0 |
| ⑧ | 金子 | 3 | 0 | 1 |
| ⑦ | 高瀬 | 3 | 1 | 1 |
| ② | 水島 | 4 | 2 | 1 |
| ⑤ | 岡田翔 | 4 | 0 | 0 |
| ③ | 新澤 | 3 | 1 | 1 |
| ① | 松下 | 4 | 1 | 0 |
| ④ | 水上 | 2 | 1 | 0 |

| 振 | 球 | 犠 | 併 | 残 | 打 | 安 | 点 |
|---|---|---|---|---|---|---|---|
| 6 | 7 | 3 | 1 | 7 | 29 | 7 | 4 |

| 【今市】 | | 打 | 安 | 点 |
|---|---|---|---|---|
| ⑥ | 小平 | 4 | 1 | 0 |
| ④ | 鷹箸 | 4 | 0 | 0 |
| ② | 沼尾 | 3 | 0 | 0 |
| ⑤ | 篠崎 | 4 | 1 | 0 |
| ① | 高木 | 3 | 0 | 0 |
| 1 | 福田 | 0 | 0 | 0 |
| H | 石川 | 1 | 0 | 0 |
| ⑨ | 本田 | 4 | 0 | 0 |
| ⑦ | 増渕 | 3 | 1 | 0 |
| ③ | 鈴木 | 3 | 0 | 0 |
| ⑧ | 柳田 | 3 | 2 | 1 |

| 振 | 球 | 犠 | 併 | 残 | 打 | 安 | 点 |
|---|---|---|---|---|---|---|---|
| 7 | 1 | 0 | 1 | 5 | 32 | 5 | 1 |

| 投手 | 回 | 打 | 安 | 失 |
|---|---|---|---|---|
| 松下 | 9 | 33 | 5 | 1 |
| 高木 | 7 1/3 | 31 | 4 | 4 |
| 福田 | 1 2/3 | 8 | 3 | 1 |

| 【鹿沼東】 | | 打 | 安 | 点 |
|---|---|---|---|---|
| ④ | 大　栗 | 3 | 0 | 0 |
| ⑦ | 高橋旺 | 1 | 0 | 0 |
| ⑧ | 小林晃 | 1 | 0 | 0 |
| ③ | 冨　浜 | 2 | 0 | 0 |
| ② | 武　藤 | 2 | 0 | 0 |
| ⑥ | 渡　辺 | 2 | 0 | 0 |
| ① | 斎　藤 | 1 | 0 | 0 |
| 1 | 有　馬 | 1 | 1 | 0 |
| ⑨ | 小林耕 | 2 | 0 | 0 |
| ⑤ | 田　仲 | 2 | 1 | 0 |

| 振 | 球 | 犠 | 併 | 残 | 打 | 安 | 点 |
|---|---|---|---|---|---|---|---|
| 8 | 2 | 0 | 0 | 4 | 17 | 2 | 0 |

| 【文星付】 | | 打 | 安 | 点 |
|---|---|---|---|---|
| ⑧ | 君　島 | 3 | 0 | 0 |
| H | 八木澤 | 0 | 0 | 0 |
| ⑦ | 佐　藤 | 2 | 1 | 1 |
| ⑤ | 沼　井 | 4 | 4 | 2 |
| ② | 福　田 | 3 | 2 | 4 |
| ⑨ | 下　妻 | 3 | 1 | 1 |
| ⑥ | 長谷川 | 2 | 0 | 0 |
| ③ | 斎　藤 | 2 | 2 | 0 |
| ① | 江　田 | 2 | 1 | 2 |
| H | 押久保 | 1 | 0 | 0 |
| ④ | 曽　我 | 2 | 1 | 0 |

| 振 | 球 | 犠 | 併 | 残 | 打 | 安 | 点 |
|---|---|---|---|---|---|---|---|
| 0 | 6 | 1 | 0 | 8 | 24 | 12 | 10 |

## 文星付、総合力で完勝
## 鹿沼東 打線つながらず

総合力で勝る文星芸大付が完勝した。三回に沼井、福田、下妻の3連打などで4得点。五回も佐藤、沼井、福田が3連続適時打を放ち勝負を決めた。鹿沼東は田仲、有馬が1安打ずつ放ったが、相手主戦左腕の前に三塁を踏めなかった。

| 投手 | 回 | 打 | 安 | 失 |
|---|---|---|---|---|
| 斎　藤 | 2 2/3 | 17 | 6 | 5 |
| 有　馬 | 1 2/3 | 14 | 6 | 5 |
| 江　田 | 5 | 19 | 2 | 0 |

# 鹿沼東 × 文星付

1回戦 (清原球場)

| | | | | | | 計 | |
|---|---|---|---|---|---|---|---|
| 鹿沼東 | 0 | 0 | 0 | 0 | 0 | 0 | |
| 文星付 | 1 | 0 | 4 | 1 | 4× | 10 | (五回コールド) |

▽三塁打　沼井(文)　▽二塁打　沼井、斎藤、福田、曽我(文)　▽盗塁　鹿1、文4　▽暴投　鹿1(斎藤)
▽審判　(球)山根(塁)印南、柴崎、神山　▽試合時間　1時間18分

| 【真　工】 | | 打 | 安 | 点 |
|---|---|---|---|---|
| ⑧ | 手塚聖 | 5 | 1 | 0 |
| ④ | 永　森 | 5 | 4 | 2 |
| ① | 黒崎瑛 | 4 | 1 | 0 |
| ③ | 山　内 | 5 | 1 | 2 |
| ⑤ | 松　本 | 4 | 1 | 1 |
| ⑦ | 鶴　見 | 4 | 1 | 0 |
| 7 | 青　木 | 0 | 0 | 0 |
| ⑨ | 磯　貝 | 4 | 1 | 1 |
| ② | 大根田 | 3 | 0 | 0 |
| ⑥ | 手塚貴 | 4 | 0 | 0 |

| 振 | 球 | 犠 | 併 | 残 | 打 | 安 | 点 |
|---|---|---|---|---|---|---|---|
| 2 | 1 | 1 | 0 | 7 | 38 | 10 | 6 |

| 【黒　羽】 | | 打 | 安 | 点 |
|---|---|---|---|---|
| ④ | 古　川 | 3 | 0 | 0 |
| ⑥ | 益　子 | 4 | 1 | 1 |
| ⑤ | 菊池昴 | 3 | 1 | 0 |
| ⑨ | 豊　田 | 4 | 2 | 0 |
| ⑦ | 平　山 | 4 | 2 | 1 |
| ② | 小　野 | 4 | 0 | 0 |
| ③ | 菊池剣 | 2 | 0 | 0 |
| H | 菊　地 | 1 | 0 | 0 |
| 3 | 本　荘 | 1 | 0 | 0 |
| ① | 阿久津 | 2 | 0 | 0 |
| 1 | 菅生優 | 2 | 0 | 0 |
| ⑧ | 江　連 | 2 | 0 | 0 |

| 振 | 球 | 犠 | 併 | 残 | 打 | 安 | 点 |
|---|---|---|---|---|---|---|---|
| 12 | 3 | 0 | 0 | 6 | 32 | 6 | 2 |

| 投手 | 回 | 打 | 安 | 失 |
|---|---|---|---|---|
| 黒崎瑛 | 9 | 35 | 6 | 2 |
| 阿久津 | 6 | 30 | 10 | 6 |
| 菅生優 | 3 | 10 | 0 | 0 |

## 真工・黒崎瑛　好投12K
## 黒羽、初回に同点もかなわず

投打がかみ合った真岡工が快勝。初回に山内が先制の2点適時打。二回に永森の中前適時打で勝ち越し、六回に磯貝の本塁打などで2点を加えた。主戦黒崎瑛も12奪三振。黒羽は初回に益子、平山の適時打で同点としたが続かなかった。

# 真工 × 黒羽

1回戦 (清原球場)

| | | | | | | | | | | 計 |
|---|---|---|---|---|---|---|---|---|---|---|
| 真　工 | 2 | 1 | 0 | 0 | 1 | 2 | 0 | 0 | 0 | 6 |
| 黒　羽 | 2 | 0 | 0 | 0 | 0 | 0 | 0 | 0 | 0 | 2 |

▽本塁打　磯貝(真)　▽二塁打　黒崎瑛(真)　▽盗塁　真2、黒5　▽失策　真1、黒3
▽審判　(球)鈴木(塁)小澤、町田、笠井　▽試合時間　2時間6分

| 【今　工】 | | 打 | 安 | 点 |
|---|---|---|---|---|
| ④ | 北　尾 | 4 | 0 | 0 |
| ② | 菊　地 | 4 | 2 | 1 |
| ⑥ | 矢　嶋 | 4 | 1 | 0 |
| ⑨ | 根　本 | 4 | 1 | 0 |
| ⑧ | 高　橋 | 4 | 0 | 0 |
| ①3 | 斎藤悠 | 4 | 1 | 0 |
| ⑦ | 徳　原 | 2 | 0 | 0 |
| ⑤ | 速　水 | 3 | 0 | 0 |
| ③1 | 水　沼 | 2 | 1 | 0 |

| 振 | 球 | 犠 | 併 | 残 | 打 | 安 | 点 |
|---|---|---|---|---|---|---|---|
| 15 | 1 | 1 | 1 | 5 | 31 | 6 | 1 |

| 【宇　工】 | | 打 | 安 | 点 |
|---|---|---|---|---|
| ⑨ | 近　藤 | 4 | 1 | 0 |
| ⑦ | 柿　沼 | 4 | 0 | 0 |
| ⑧ | 福　田 | 4 | 0 | 0 |
| ③ | 武　藤 | 3 | 0 | 0 |
| 3 | 塙 | 0 | 0 | 0 |
| ④ | 坂　和 | 3 | 1 | 0 |
| ⑤ | 八木澤 | 3 | 0 | 0 |
| ⑥ | 落　合 | 3 | 1 | 1 |
| ② | 山　崎 | 3 | 2 | 1 |
| R | 村　上 | 0 | 0 | 0 |
| 2 | 石　川 | 0 | 0 | 0 |
| ① | 植　竹 | 1 | 0 | 0 |
| H | 堀　江 | 1 | 1 | 0 |
| 1 | 功　刀 | 1 | 0 | 0 |

| 振 | 球 | 犠 | 併 | 残 | 打 | 安 | 点 |
|---|---|---|---|---|---|---|---|
| 3 | 1 | 1 | 1 | 5 | 30 | 6 | 2 |

| 投　手 | 回 | 打 | 安 | 失 |
|---|---|---|---|---|
| 斎藤悠 | 6 | 25 | 5 | 3 |
| 水　沼 | 2 | 7 | 1 | 0 |
| 植　竹 | 5 | 20 | 5 | 1 |
| 功　刀 | 4 | 13 | 1 | 0 |

## 古豪・宇工　継投15奪三振
## 今工、好機に一本出ず

宇都宮工がロースコアの接戦を制した。8番山崎、7番落合が打点を挙げるなど下位打線が奮闘。投手陣は植竹、功刀の継投で計15三振を奪った。今市工は三回に菊地の適時打で一時同点としたが、その後は得点圏での一本が出なかった。

# 今工 × 宇工

| 1回戦 | （清原球場） | | | | | | | | | 計 |
|---|---|---|---|---|---|---|---|---|---|---|
| 今　工 | 0 | 0 | 1 | 0 | 0 | 0 | 0 | 0 | 0 | 1 |
| 宇　工 | 0 | 1 | 0 | 1 | 1 | 0 | 0 | 0 | × | 3 |

▽三塁打　堀江（宇）　▽二塁打　根本、斎藤悠（今）山崎（宇）　▽盗塁　今2、宇1
▽失策　今4　▽審判　（球）山田（塁）木村泰、古口、松島明　▽試合時間　1時間58分

# 幸福 × 佐野東

| 【幸　福】 | | 打 | 安 | 点 |
|---|---|---|---|---|
| ⑥ | 右　田 | 5 | 1 | 1 |
| ⑧ | 阿　部 | 3 | 2 | 0 |
| ② | 津　崎 | 4 | 3 | 0 |
| ① | 阿座上 | 5 | 3 | 4 |
| ⑤ | 箕　輪 | 2 | 0 | 0 |
| ③ | 清　家 | 4 | 0 | 2 |
| ④ | 大　島 | 5 | 2 | 1 |
| ⑨ | 佐野那 | 5 | 0 | 0 |
| ⑦ | 行　木 | 4 | 0 | 0 |

| 振 | 球 | 犠 | 併 | 残 | 打 | 安 | 点 |
|---|---|---|---|---|---|---|---|
| 4 | 7 | 0 | 1 | 8 | 37 | 11 | 8 |

| 【佐野東】 | | 打 | 安 | 点 |
|---|---|---|---|---|
| ④ | 柴　崎 | 4 | 0 | 0 |
| ③ | 野　村 | 3 | 0 | 0 |
| ①81 | 大　澤 | 4 | 2 | 1 |
| ⑤ | 寺　内 | 5 | 2 | 0 |
| ⑥ | 堀　越 | 2 | 0 | 0 |
| ⑨19 | 門　間 | 4 | 1 | 2 |
| ② | 冨　岡 | 4 | 1 | 0 |
| ⑦8 | 渡　辺 | 4 | 1 | 0 |
| ⑧9 | 柏　崎 | 2 | 2 | 0 |
| 97 | 篠　田 | 1 | 0 | 0 |
| H | 船　田 | 0 | 0 | 0 |

| 振 | 球 | 犠 | 併 | 残 | 打 | 安 | 点 |
|---|---|---|---|---|---|---|---|
| 8 | 5 | 3 | 0 | 11 | 33 | 9 | 3 |

## 幸福、投打そつなく
## 佐野東　悔しい11残塁

阿座上が投打で活躍した幸福が佐野東に快勝した。阿座上は初回と七回に適時三塁打。投げては9回3失点と好投し、五回には中堅・阿部が大飛球を好捕するなどバックも好守で支えた。佐野東は11残塁と打線がつながりを欠いた。

| 1回戦 | （とちぎ木の花スタジアム） | | | | | | | | | 計 |
|---|---|---|---|---|---|---|---|---|---|---|
| 幸　福 | 1 | 0 | 0 | 0 | 0 | 1 | 3 | 1 | 3 | 9 |
| 佐野東 | 0 | 0 | 0 | 0 | 0 | 0 | 0 | 2 | 1 | 3 |

▽三塁打　阿座上2、大島（幸）柏崎（佐）　▽二塁打　右田（幸）　▽失策　幸2、佐2
▽審判　（球）新里（塁）船越、鷹嘴、日向野　▽試合時間　3時間6分

| 投　手 | 回 | 打 | 安 | 失 |
|---|---|---|---|---|
| 阿座上 | 9 | 41 | 9 | 3 |
| 大　澤 | 5 | 18 | 3 | 1 |
| 門　間 | 3 | 20 | 6 | 5 |
| 大　澤 | 1 | 6 | 2 | 3 |

| 【足　工】 | | 打 | 安 | 点 |
|---|---|---|---|---|
| ⑨ | 佐　藤 | 2 | 1 | 0 |
| ⑦ | 岡　部 | 1 | 0 | 0 |
| H7 | 上　岡 | 1 | 0 | 0 |
| ⑤ | 塩　島 | 3 | 1 | 0 |
| ③ | 島　田 | 3 | 1 | 0 |
| ⑥ | 小　泉 | 3 | 1 | 0 |
| ⑧ | 駒　田 | 3 | 2 | 1 |
| ④ | 幸　田 | 1 | 0 | 0 |
| 4 | 相　澤 | 1 | 0 | 0 |
| ② | 宮　沢 | 2 | 0 | 0 |
| ① | 小　林 | 3 | 0 | 0 |

| 振 | 球 | 犠 | 併 | 残 | 打 | 安 | 点 |
|---|---|---|---|---|---|---|---|
| 2 | 2 | 2 | 0 | 5 | 23 | 6 | 1 |

| 【国学栃木】 | | 打 | 安 | 点 |
|---|---|---|---|---|
| ⑦ | 浅　田 | 4 | 0 | 0 |
| ⑥ | 最　上 | 4 | 2 | 0 |
| ④ | 関 | 4 | 2 | 1 |
| ⑨ | 坂　本 | 3 | 0 | 1 |
| 9 | 佐　鳥 | 0 | 0 | 0 |
| ⑤ | 成　田 | 4 | 2 | 1 |
| ③ | 樋　口 | 4 | 3 | 1 |
| ⑧ | 海老原 | 4 | 0 | 0 |
| ② | 伊　東 | 3 | 1 | 0 |
| ① | 筋　野 | 3 | 2 | 3 |

| 振 | 球 | 犠 | 併 | 残 | 打 | 安 | 点 |
|---|---|---|---|---|---|---|---|
| 3 | 1 | 0 | 1 | 7 | 33 | 12 | 7 |

| 投手 | 回 | 打 | 安 | 失 |
|---|---|---|---|---|
| 小　林 | 6 | 34 | 12 | 9 |
| 筋　野 | 7 | 27 | 6 | 1 |

# 足工 × 国学栃木

## 国学栃木　投打に圧倒<br>足工、初回の逸機響く

国学院栃木が投打に足利工を圧倒した。初回に関、成田の適時打で先制し五回はミスにつけ込んで5得点。先発筋野は7回1失点に抑えた。足利工は初回の好機で先制できず六回まで無得点だったが、七回に駒田の適時打で一矢報いた。

| 1回戦 | (栃木県営球場) | | | | | | | 計 |
|---|---|---|---|---|---|---|---|---|
| 足　工 | 0 | 0 | 0 | 0 | 0 | 0 | 1 | 1 |
| 国学栃木 | 2 | 1 | 0 | 0 | 5 | 1 | × | 9 |

(七回コールド)

▽三塁打　関、伊東、樋口(国)　▽二塁打　塩島、小泉(足)最上、樋口(国)　▽盗塁　国2　▽失策　足3
▽野選　足1(宮沢)　▽審判　(球)石川雅(塁)小林大、平田、印南　▽試合時間　1時間29分

# 矢板 × 鹿沼

| 【矢　板】 | | 打 | 安 | 点 |
|---|---|---|---|---|
| ④ | 永井仁 | 3 | 0 | 0 |
| ⑥ | 若　色 | 3 | 1 | 0 |
| ⑧ | 千　葉 | 1 | 0 | 0 |
| ⑦ | 斎藤風 | 3 | 0 | 0 |
| ② | 赤　塚 | 3 | 0 | 0 |
| ③ | 永井力 | 2 | 0 | 0 |
| ① | 吉　新 | 0 | 0 | 0 |
| 1 | 住　谷 | 1 | 0 | 0 |
| ⑤ | 中　村 | 2 | 0 | 0 |
| ⑨ | 阿久津 | 2 | 0 | 0 |

| 振 | 球 | 犠 | 併 | 残 | 打 | 安 | 点 |
|---|---|---|---|---|---|---|---|
| 7 | 3 | 1 | 1 | 3 | 20 | 1 | 0 |

| 【鹿　沼】 | | 打 | 安 | 点 |
|---|---|---|---|---|
| ⑨ | 渡辺周 | 4 | 1 | 0 |
| ⑥ | 斎　藤 | 3 | 0 | 0 |
| 7 | 吉　岡 | 1 | 0 | 0 |
| ③ | 川　俣 | 3 | 2 | 2 |
| ① | 大　竹 | 2 | 1 | 0 |
| ④ | 中　山 | 3 | 2 | 3 |
| ② | 高　橋 | 3 | 0 | 1 |
| ⑧ | 露久保 | 3 | 1 | 0 |
| ⑤ | 大　島 | 2 | 1 | 1 |
| ⑦ | 渡辺翔 | 4 | 2 | 0 |

| 振 | 球 | 犠 | 併 | 残 | 打 | 安 | 点 |
|---|---|---|---|---|---|---|---|
| 3 | 9 | 1 | 0 | 13 | 28 | 10 | 7 |

## 鹿沼、序盤に7得点<br>矢板打線　精彩欠く

鹿沼が序盤に猛攻を見せた。初回は中山の適時打などで2点を先制し二回は大島の左越え本塁打など4安打で5点追加。先発の大竹も被安打1、無失点と好投した。矢板は初回に若色の二塁打で好機をつくったが後続がなかった。

| 1回戦 | (とちぎ木の花スタジアム) | | | | | | | 計 |
|---|---|---|---|---|---|---|---|---|
| 矢　板 | 0 | 0 | 0 | 0 | 0 | 0 | 0 | 0 |
| 鹿　沼 | 2 | 5 | 0 | 0 | 0 | 0 | 0 | 7 |

(七回コールド)

▽本塁打　大島(鹿)　▽二塁打　若色(矢)川俣(鹿)　▽盗塁　鹿3　▽失策　矢2
▽審判　(球)大山(塁)鷹嘴、船越、駒場　▽試合時間　1時間42分

| 投手 | 回 | 打 | 安 | 失 |
|---|---|---|---|---|
| 吉　新 | 1 0/3 | 10 | 4 | 5 |
| 住　谷 | 5 | 28 | 6 | 2 |
| 大　竹 | 7 | 24 | 1 | 0 |

## 那須清峰 逆転サヨナラ さくら清修、流れ手放す

那須清峰が劇的な逆転サヨナラ勝ち。1点を追う九回に小松のソロ本塁打で同点とし、さらに2死二塁から谷森が中前打で勝負を決めた。さくら清修は六つのイニングで攻撃を3人で終えるなど流れをつかみ切れなかった。

# さくら清修 × 那須清峰

| 【さくら清修】 | | 打 | 安 | 点 |
|---|---|---|---|---|
| ⑤ | 蛇石 | 4 | 0 | 0 |
| ⑦ | 小室 | 4 | 0 | 0 |
| ⑥ | 川合 | 4 | 1 | 0 |
| ② | 山本 | 3 | 1 | 0 |
| ①8 | 村岡 | 4 | 1 | 0 |
| ④1 | 井上 | 1 | 0 | 1 |
| ⑧4 | 島田 | 4 | 2 | 3 |
| ③ | 清水 | 3 | 0 | 0 |
| ⑨ | 森山 | 3 | 1 | 0 |

| 振 | 球 | 犠 | 併 | 残 | 打 | 安 | 点 |
|---|---|---|---|---|---|---|---|
| 4 | 1 | 3 | 1 | 3 | 30 | 6 | 4 |

| 【那須清峰】 | | 打 | 安 | 点 |
|---|---|---|---|---|
| ⑤ | 高秀 | 3 | 2 | 0 |
| ⑦ | 谷森 | 5 | 2 | 1 |
| ② | 阪本 | 4 | 2 | 1 |
| ⑥ | 小藤 | 3 | 1 | 1 |
| ③ | 藤田 | 3 | 1 | 0 |
| ⑧ | 益子 | 2 | 1 | 0 |
| H | 能登 | 1 | 0 | 0 |
| 8 | 辻 | 0 | 0 | 0 |
| ⑨ | 伊藤 | 2 | 0 | 1 |
| H | 加藤 | 1 | 0 | 0 |
| ① | 相馬 | 2 | 0 | 0 |
| H | 星野 | 1 | 0 | 0 |
| 1 | 小松 | 1 | 1 | 1 |
| ④ | 平山 | 4 | 0 | 0 |

| 振 | 球 | 犠 | 併 | 残 | 打 | 安 | 点 |
|---|---|---|---|---|---|---|---|
| 3 | 4 | 2 | 2 | 7 | 32 | 10 | 5 |

| 投手 | 回 | 打 | 安 | 失 |
|---|---|---|---|---|
| 村岡 | 8 1/3 | 35 | 9 | 4 |
| 井上 | 1/3 | 3 | 1 | 1 |
| 相馬 | 7 | 26 | 5 | 4 |
| 小松 | 2 | 8 | 1 | 0 |

| 1回戦 (栃木県営球場) | | | | | | | | | | 計 |
|---|---|---|---|---|---|---|---|---|---|---|
| さくら清修 | 0 | 2 | 0 | 0 | 0 | 0 | 2 | 0 | 0 | 4 |
| 那須清峰 | 2 | 0 | 0 | 1 | 0 | 0 | 0 | 0 | 2× | 5 |

▽本塁打 小松(那) ▽三塁打 谷森、阪本(那) ▽二塁打 村岡、島田(さ)高秀、阪本(那)
▽盗塁 さ1、那1 ▽失策 那2 ▽審判 (球)神山(塁)阿久津、栗田、吉田 ▽試合時間 1時間57分

# 小山高専 × 宇都宮

| 【小山高専】 | | 打 | 安 | 点 |
|---|---|---|---|---|
| ④1 | 佐山 | 4 | 0 | 0 |
| ② | 室越 | 3 | 2 | 1 |
| ⑥4 | 杉渕 | 4 | 4 | 1 |
| ⑧ | 柳本 | 3 | 1 | 1 |
| ③ | 加藤 | 4 | 0 | 0 |
| ①6 | 神宮 | 2 | 0 | 1 |
| ⑦ | 高橋空 | 3 | 1 | 0 |
| ⑤ | 広澤 | 3 | 0 | 0 |
| ⑨ | 谷中 | 2 | 1 | 0 |

| 振 | 球 | 犠 | 併 | 残 | 打 | 安 | 点 |
|---|---|---|---|---|---|---|---|
| 5 | 5 | 1 | 0 | 9 | 28 | 9 | 4 |

| 【宇都宮】 | | 打 | 安 | 点 |
|---|---|---|---|---|
| ⑦ | 岸 | 3 | 0 | 0 |
| ⑥ | 斎藤 | 3 | 2 | 3 |
| ⑨ | 藤木 | 4 | 1 | 1 |
| ⑤ | 原田 | 4 | 2 | 1 |
| ② | 菊池 | 3 | 0 | 0 |
| ③ | 大久保 | 2 | 1 | 2 |
| ④ | 竹山 | 3 | 1 | 0 |
| ⑧ | 早川 | 3 | 3 | 2 |
| ① | 堀越 | 2 | 1 | 2 |
| 1 | 水崎 | 0 | 0 | 0 |

| 振 | 球 | 犠 | 併 | 残 | 打 | 安 | 点 |
|---|---|---|---|---|---|---|---|
| 3 | 5 | 1 | 0 | 4 | 27 | 11 | 11 |

| 投手 | 回 | 打 | 安 | 失 |
|---|---|---|---|---|
| 神宮 | 5 2/3 | 30 | 9 | 9 |
| 佐山 | 1/3 | 3 | 2 | 2 |
| 堀越 | 6 | 26 | 8 | 2 |
| 水崎 | 1 | 8 | 1 | 2 |

## 宇都宮 猛打で11得点 小山高専、投手陣踏ん張れず

投打がかみ合った宇都宮が小山高専にコールドで快勝した。宇都宮は初回に斎藤の本塁打で先制すると、六回には打者10人で7得点、試合を決めた。小山高専は投手陣が踏ん張り切れなかった。

| 1回戦 (栃木県営球場) | | | | | | | | 計 |
|---|---|---|---|---|---|---|---|---|
| 小山高専 | 0 | 0 | 1 | 0 | 0 | 1 | 2 | 4 |
| 宇都宮 | 1 | 2 | 0 | 1 | 0 | 7 | × | 11 (七回コールド) |

▽本塁打 斎藤(宇) ▽三塁打 大久保(宇) ▽二塁打 杉渕(小)原田2、堀越、藤木(宇)
▽盗塁 宇3 ▽失策 小1、宇1 ▽ボーク 小1(神宮) ▽審判 (球)秋元篤(塁)市村、阿見、田村
▽試合時間 1時間42分

## 足利南　延長13回制す
## 佐野松桜、6失策重く

# 佐野松桜 × 足利南

足利南が粘りを見せた。1点を追う九回は岩崎が四球で出塁し失策で同点。5−7で迎えた延長十三回は瀬戸山、亀山の連続適時長短打で逆転サヨナラ勝ちを収めた。佐野松桜は6失策と守備が乱れ、好投の猿橋圭を助けられなかった。

1回戦　（清原球場）

| | 1 | 2 | 3 | 4 | 5 | 6 | 7 | 8 | 9 | 10 | 11 | 12 | 13 | 計 |
|---|---|---|---|---|---|---|---|---|---|---|---|---|---|---|
| 佐野松桜 | 0 | 0 | 0 | 0 | 0 | 0 | 0 | 3 | 2 | 0 | 0 | 0 | 2 | 7 |
| 足利南 | 1 | 1 | 2 | 0 | 0 | 0 | 0 | 0 | 1 | 0 | 0 | 0 | 3× | 8 |

▽二塁打　磯貝、矢口、柿沼（佐）若林、瀬戸山（足）　▽盗塁　佐2、足2　（延長十三回タイブレーク）
▽失策　佐6、足4　▽暴投　佐1（猿橋圭）　▽打妨　佐1（猿橋昴）
▽審判　（球）簗瀬（塁）野澤、柴崎、三坂　▽試合時間　3時間31分

| 【佐野松桜】 | | 打 | 安 | 点 |
|---|---|---|---|---|
| ⑧ | 矢口 | 6 | 1 | 1 |
| ⑤9 | 柿沼 | 6 | 3 | 2 |
| ⑥ | 薭原 | 6 | 0 | 0 |
| ② | 猿橋昴 | 6 | 1 | 0 |
| ⑨1 | 猿橋圭 | 6 | 1 | 1 |
| ③ | 大木 | 6 | 2 | 2 |
| ⑦ | 島田 | 1 | 0 | 0 |
| H7 | 小林 | 3 | 1 | 0 |
| R7 | 島村 | 1 | 0 | 0 |
| ①5 | 磯貝 | 5 | 1 | 0 |
| ④ | 柴崎 | 4 | 3 | 0 |

| 振 | 球 | 犠 | 併 | 残 | 打 | 安 | 点 |
|---|---|---|---|---|---|---|---|
| 0 | 2 | 1 | 0 | 9 | 50 | 13 | 6 |

| 【足利南】 | | 打 | 安 | 点 |
|---|---|---|---|---|
| ⑦1 | 岩崎 | 4 | 2 | 0 |
| ⑧ | 新井 | 3 | 0 | 1 |
| ⑥ | 星川 | 1 | 0 | 0 |
| 9 | 松原 | 3 | 0 | 0 |
| ①6 | 立原 | 5 | 0 | 1 |
| ⑨57 | 石原匠 | 5 | 0 | 0 |
| H | 江田 | 1 | 0 | 0 |
| R7 | 佐瀬 | 0 | 0 | 0 |
| ② | 石原成 | 6 | 1 | 0 |
| ④ | 瀬戸山 | 6 | 2 | 2 |
| ③ | 亀山 | 6 | 2 | 1 |
| ⑤65 | 若林 | 5 | 2 | 2 |

| 振 | 球 | 犠 | 併 | 残 | 打 | 安 | 点 |
|---|---|---|---|---|---|---|---|
| 18 | 3 | 4 | 4 | 11 | 45 | 9 | 7 |

| 投手 | 回 | 打 | 安 | 失 |
|---|---|---|---|---|
| 磯貝 | 2 | 13 | 3 | 2 |
| 猿橋圭 | 10 0/3 | 40 | 6 | 6 |
| 立原 | 8 0/3 | 35 | 10 | 5 |
| 岩崎 | 5 | 18 | 3 | 2 |

# 小山 × 宇東

## 小山　初回から猛攻披露
## 宇東、好機を生かせず

序盤に12点のリードを奪った小山が完勝。初回は石塚、山口の三塁打2本を含む6安打で5点、二回も石塚の2点本塁打などで7点を挙げた。守っては福田が4安打完封。宇都宮東は好機で併殺に倒れるなどチャンスを生かせなかった。

1回戦　（栃木県営球場）

| | 1 | 2 | 3 | 4 | 5 | 計 |
|---|---|---|---|---|---|---|
| 小山 | 5 | 7 | 0 | 0 | 1 | 13 |
| 宇東 | 0 | 0 | 0 | 0 | 0 | 0 |

（五回コールド）

▽本塁打　石塚、福田（小）　▽三塁打　石塚、山口、伊澤（小）　▽二塁打　伊澤、山口（小）大森（宇）
▽盗塁　小1▽失策　宇3　▽審判　（球）金子（塁）石川雅、富永、笠井　▽試合時間　1時間14分

| 投手 | 回 | 打 | 安 | 失 |
|---|---|---|---|---|
| 福田 | 5 | 18 | 4 | 0 |
| 豊田 | 1 2/3 | 20 | 12 | 12 |
| 大森 | 3 1/3 | 12 | 2 | 1 |

| 【小山】 | | 打 | 安 | 点 |
|---|---|---|---|---|
| ⑥ | 谷島 | 4 | 2 | 2 |
| ④ | 伊澤 | 3 | 2 | 2 |
| ⑨ | 石塚 | 4 | 2 | 4 |
| ① | 福田 | 4 | 1 | 1 |
| ③ | 山口 | 4 | 2 | 1 |
| ⑧ | 中山 | 3 | 2 | 2 |
| ⑤ | 海老沼 | 3 | 2 | 0 |
| ② | 栗山 | 3 | 1 | 1 |
| ⑦ | 高橋 | 1 | 0 | 0 |

| 振 | 球 | 犠 | 併 | 残 | 打 | 安 | 点 |
|---|---|---|---|---|---|---|---|
| 3 | 2 | 1 | 1 | 4 | 29 | 14 | 13 |

| 【宇東】 | | 打 | 安 | 点 |
|---|---|---|---|---|
| ⑧ | 斎藤 | 2 | 0 | 0 |
| ①4 | 豊田 | 2 | 1 | 0 |
| ④3 | 黒崎 | 2 | 1 | 0 |
| ③1 | 大森 | 2 | 1 | 0 |
| ⑤ | 萩原 | 2 | 0 | 0 |
| ② | 池田 | 2 | 1 | 0 |
| ⑨ | 大久保 | 2 | 0 | 0 |
| ⑦ | 金田 | 1 | 0 | 0 |
| H | 篠原 | 1 | 0 | 0 |
| ⑥ | 加藤 | 2 | 0 | 0 |

| 振 | 球 | 犠 | 併 | 残 | 打 | 安 | 点 |
|---|---|---|---|---|---|---|---|
| 7 | 0 | 0 | 1 | 3 | 18 | 4 | 0 |

| 【矢板中央】 | | 打 | 安 | 点 |
|---|---|---|---|---|
| ⑧ | 斎藤 | 5 | 1 | 1 |
| ④ | 森島 | 5 | 1 | 0 |
| ⑥ | 和気悠 | 5 | 1 | 0 |
| ⑤ | 小山田 | 3 | 1 | 0 |
| ⑨ | 和気哲 | 4 | 3 | 2 |
| ③ | 平山 | 4 | 2 | 1 |
| ② | 安達 | 3 | 1 | 0 |
| ① | 菅野 | 2 | 1 | 1 |
| H | 秋元 | 1 | 0 | 0 |
| 1 | 安積 | 1 | 0 | 0 |
| ⑦ | 渡辺 | 4 | 1 | 0 |

| 振 | 球 | 犠 | 併 | 残 | 打 | 安 | 点 |
|---|---|---|---|---|---|---|---|
| 4 | 2 | 0 | 1 | 7 | 37 | 12 | 5 |

| 【烏山】 | | 打 | 安 | 点 |
|---|---|---|---|---|
| ④ | 大森 | 5 | 3 | 0 |
| ⑥ | 根本 | 3 | 1 | 0 |
| ⑨ | 鈴木啓 | 2 | 0 | 0 |
| ② | 長山 | 4 | 3 | 3 |
| ⑧ | 中根 | 4 | 2 | 0 |
| ⑤ | 岡 | 4 | 0 | 1 |
| ③ | 小松 | 3 | 2 | 1 |
| ⑦ | 半田 | 3 | 1 | 0 |
| ① | 北條 | 1 | 0 | 0 |
| 1 | 助川 | 2 | 0 | 0 |

| 振 | 球 | 犠 | 併 | 残 | 打 | 安 | 点 |
|---|---|---|---|---|---|---|---|
| 8 | 3 | 4 | 1 | 7 | 31 | 12 | 5 |

## 烏山　投打で難敵攻略
## 矢板中央、6年ぶりの初戦敗退

# 矢板中央 × 烏山

烏山が理想的な試合運びで難敵を下した。好球必打で二回までに長山の2打席連続適時打などで6得点。投げても北條−助川の継投で反撃をかわした。矢板中央は和気哲が3安打など先発全員の12安打を放ったが、好機を生かせなかった。

| 投手 | 回 | 打 | 安 | 失 |
|---|---|---|---|---|
| 菅野 | 5 | 27 | 11 | 7 |
| 安積 | 3 | 11 | 1 | 0 |
| 北條 | 4 1/3 | 24 | 10 | 4 |
| 助川 | 4 2/3 | 15 | 2 | 1 |

1回戦（栃木県営球場）

| | | | | | | | | | | 計 |
|---|---|---|---|---|---|---|---|---|---|---|
| 矢板中央 | 0 | 2 | 0 | 0 | 2 | 0 | 0 | 1 | 0 | 5 |
| 烏山 | 3 | 3 | 0 | 1 | 0 | 0 | 0 | 0 | × | 7 |

▽本塁打　和気哲（矢）　▽三塁打　森島、和気哲（矢）　▽二塁打　長山（烏）
▽盗塁　矢3、烏3　▽失策　矢2　▽審判　（球）渡辺（塁）川島、松本、山根　▽試合時間　2時間6分

# 黒磯南 × 足大付

| 【黒磯南】 | | 打 | 安 | 点 |
|---|---|---|---|---|
| ① | 斎藤 | 3 | 0 | 0 |
| ⑥ | 礒 | 2 | 0 | 0 |
| ⑧ | 池田 | 2 | 0 | 0 |
| ② | 三森 | 2 | 1 | 0 |
| ③ | 赤川 | 2 | 1 | 1 |
| ⑨ | 沢目 | 2 | 0 | 0 |
| ④ | 伊藤 | 2 | 0 | 0 |
| ⑦ | 菊地 | 2 | 0 | 0 |
| ⑤ | 本堂 | 0 | 0 | 0 |

| 振 | 球 | 犠 | 併 | 残 | 打 | 安 | 点 |
|---|---|---|---|---|---|---|---|
| 11 | 2 | 0 | 0 | 3 | 17 | 2 | 1 |

| 【足大付】 | | 打 | 安 | 点 |
|---|---|---|---|---|
| ⑧ | 上原 | 3 | 2 | 4 |
| ⑦ | 菊地 | 3 | 1 | 1 |
| ⑨ | 小谷野 | 2 | 0 | 0 |
| 1 | 大月 | 0 | 0 | 0 |
| 3 | 猿山 | 0 | 0 | 0 |
| ⑤ | 谷 | 3 | 0 | 0 |
| ③9 | 関口 | 3 | 3 | 1 |
| ①3 | 小林 | 0 | 0 | 0 |
| H | 牛久 | 1 | 0 | 0 |
| 1 | 細田 | 0 | 0 | 0 |
| ② | 杉本 | 3 | 2 | 1 |
| ④ | 吉田成 | 1 | 0 | 2 |
| ⑥ | 吉田穏 | 1 | 0 | 1 |

| 振 | 球 | 犠 | 併 | 残 | 打 | 安 | 点 |
|---|---|---|---|---|---|---|---|
| 3 | 4 | 3 | 0 | 4 | 20 | 8 | 10 |

## 足大付　打線が爆発
## 黒磯南、四回に一矢

打線がつながった足利大付が大勝した。三回は上原の3点適時打など一挙7得点。主戦小林は3回を投げ、初回先頭から8連続を含むアウト九つを全て三振で奪う好投を見せた。黒磯南は四回に三森、赤川の連続二塁打で1点を返して粘ったが及ばなかった。

1回戦（とちぎ木の花スタジアム）

| | | | | | | 計 |
|---|---|---|---|---|---|---|
| 黒磯南 | 0 | 0 | 0 | 1 | 0 | 1 |
| 足大付 | 0 | 3 | 7 | 1 | × | 11（五回コールド） |

▽三塁打　上原（足）　▽二塁打　三森、赤川（黒）　▽盗塁　足6　▽黒3
▽審判　（球）秋元（塁）山田、寺田、三坂　▽試合時間　2時間10分

| 投手 | 回 | 打 | 安 | 失 |
|---|---|---|---|---|
| 斎藤 | 4 | 27 | 8 | 11 |
| 小林 | 3 | 10 | 0 | 0 |
| 大月 | 1 | 5 | 2 | 1 |
| 細田 | 1 | 4 | 0 | 0 |

## 清陵 × 石橋

### 石橋　序盤に畳み掛け 宇都宮清陵、反撃ならず

石橋が序盤に畳み掛けて試合を決めた。初回から四死球を絡め4単打で5得点。二回も石川の適時三塁打など打者12人の猛攻で得点を2桁に乗せた。宇都宮清陵は四回に4番渡辺の適時三塁打で1点を返したが、反撃もそこまでだった。

| 1回戦 | （清原球場） | | | | | 計 | |
|---|---|---|---|---|---|---|---|
| 清　陵 | 0 | 0 | 0 | 1 | 0 | 1 | |
| 石　橋 | 5 | 5 | 0 | 5 | × | 15 | （五回コールド） |

▽三塁打　渡辺（清）石川、笹川、小林（石）　▽二塁打　曽雌（石）
▽盗塁　石7　▽失策　清2　▽捕逸　清1（手塚優）　▽暴投　清2（塩田）
▽審判　（球）古澤（塁）石橋、松島明、玉田　▽試合時間　1時間23分

| 【清　陵】 | | 打 | 安 | 点 |
|---|---|---|---|---|
| ⑥ | 高橋遼 | 3 | 0 | 0 |
| ③ | 栗　島 | 2 | 1 | 0 |
| ② | 手塚優 | 2 | 1 | 0 |
| ⑤ | 渡　辺 | 2 | 1 | 1 |
| ⑨ | 大塚礼 | 2 | 0 | 0 |
| ① | 塩　田 | 2 | 0 | 0 |
| ④ | 松　田 | 1 | 0 | 0 |
| ⑦ | 加　藤 | 1 | 0 | 0 |
| ⑧ | 阿久津 | 1 | 0 | 0 |
| H | 平　山 | 1 | 0 | 0 |

| 振 | 球 | 犠 | 併 | 残 | 打 | 安 | 点 |
|---|---|---|---|---|---|---|---|
| 2 | 2 | 0 | 0 | 3 | 17 | 3 | 1 |

| 【石　橋】 | | 打 | 安 | 点 |
|---|---|---|---|---|
| ⑦ | 笹　川 | 3 | 1 | 1 |
| 7 | 佐　藤 | 0 | 0 | 0 |
| ⑥ | 斎　藤 | 4 | 2 | 0 |
| ② | 小　林 | 3 | 2 | 2 |
| ⑧ | 深　澤 | 3 | 1 | 2 |
| 1 | 木　村 | 0 | 0 | 0 |
| 1 | 藤　巻 | 0 | 0 | 0 |
| ⑤ | 石　崎 | 3 | 1 | 2 |
| ⑨ | 石　川 | 1 | 1 | 2 |
| H8 | 森　田 | 1 | 1 | 0 |
| ③ | 曽　雌 | 3 | 2 | 2 |
| ④ | 小　口 | 3 | 1 | 0 |
| 4 | 坂　田 | 0 | 0 | 0 |
| ①9 | 亀　井 | 3 | 2 | 1 |

| 振 | 球 | 犠 | 併 | 残 | 打 | 安 | 点 |
|---|---|---|---|---|---|---|---|
| 2 | 4 | 0 | 0 | 4 | 27 | 14 | 12 |

| 投手 | 回 | 打 | 安 | 失 |
|---|---|---|---|---|
| 塩　田 | 4 | 31 | 14 | 15 |
| 亀　井 | 4 | 14 | 3 | 1 |
| 木　村 | 1/3 | 3 | 0 | 0 |
| 藤　巻 | 2/3 | 2 | 0 | 0 |

## 上三川 × 栃木

### 栃木　加点で突き放す 上三川、先制機生かせず

栃木が四回以降毎回得点で快勝。四回に捕逸で先制すると、五回に小林の中前適時打、六回に五十嵐の犠飛で追加点。八回に吉川の2点適時打で勝負を決めた。上三川は初回、野崎が右前打を放ったが、併殺で先制機を生かせなかった。

| 1回戦 | （とちぎ木の花スタジアム） | | | | | | | | 計 | |
|---|---|---|---|---|---|---|---|---|---|---|
| 上三川 | 0 | 0 | 0 | 0 | 0 | 0 | 0 | 0 | 0 | |
| 栃　木 | 0 | 0 | 0 | 1 | 1 | 1 | 2 | 2× | 7 | （八回コールド） |

▽二塁打　新島（栃）　▽盗塁　上1、栃5　▽失策　上1、栃1　▽捕逸　上1（大塚）
▽暴投　上1（川崎）　▽審判　（球）木村泰（塁）笠井、舩越、寺田　▽試合時間　2時間4分

| 投手 | 回 | 打 | 安 | 失 |
|---|---|---|---|---|
| 大　島 | 4 | 17 | 3 | 1 |
| 川　崎 | 3 1/3 | 18 | 4 | 6 |
| 新　島 | 7 | 26 | 3 | 0 |
| 長　野 | 1 | 3 | 0 | 0 |

| 【上三川】 | | 打 | 安 | 点 |
|---|---|---|---|---|
| ④ | 野　崎 | 4 | 1 | 0 |
| ⑤ | 相　馬 | 4 | 1 | 0 |
| ⑥ | 手呂内 | 3 | 1 | 0 |
| ⑧ | 海老原 | 3 | 0 | 0 |
| ⑦ | 高橋翔 | 2 | 0 | 0 |
| ⑨ | 神 | 3 | 0 | 0 |
| ③ | 高　田 | 2 | 0 | 0 |
| ① | 大　島 | 1 | 0 | 0 |
| H | 中　村 | 1 | 0 | 0 |
| 1 | 川　崎 | 1 | 0 | 0 |
| ② | 大　塚 | 3 | 0 | 0 |

| 振 | 球 | 犠 | 併 | 残 | 打 | 安 | 点 |
|---|---|---|---|---|---|---|---|
| 7 | 2 | 0 | 0 | 5 | 27 | 3 | 0 |

| 【栃　木】 | | 打 | 安 | 点 |
|---|---|---|---|---|
| ② | 小　林 | 3 | 1 | 1 |
| ⑧9 | 坂　田 | 2 | 0 | 0 |
| ⑨7 | 金　子 | 4 | 0 | 1 |
| ③ | 岩　崎 | 4 | 1 | 0 |
| ① | 新　島 | 3 | 1 | 0 |
| 1 | 長　野 | 1 | 1 | 0 |
| ④ | 椎　名 | 4 | 1 | 0 |
| ⑥ | 五十嵐 | 1 | 0 | 1 |
| ⑤ | 吉　川 | 4 | 2 | 2 |
| ⑦ | 藤　田 | 1 | 0 | 0 |
| H | 碓　氷 | 0 | 0 | 0 |
| R | 新　井 | 0 | 0 | 0 |
| 8 | 町　田 | 0 | 0 | 0 |

| 振 | 球 | 犠 | 併 | 残 | 打 | 安 | 点 |
|---|---|---|---|---|---|---|---|
| 2 | 5 | 3 | 1 | 6 | 27 | 7 | 5 |

| 【黒　磯】 | | 打 | 安 | 点 |
|---|---|---|---|---|
| ⑧ | 小　林 | 5 | 0 | 0 |
| ⑨ | 山　田 | 4 | 1 | 0 |
| ② | 遠　藤 | 5 | 3 | 0 |
| ③ | 郷　間 | 5 | 1 | 0 |
| ⑦ | 田　野 | 5 | 3 | 2 |
| ⑤ | 室　井 | 4 | 2 | 0 |
| ⑥ | 井上正 | 3 | 1 | 0 |
| ① | 川　上 | 4 | 1 | 0 |
| ④ | 関　根 | 4 | 1 | 1 |

| 振 | 球 | 犠 | 併 | 残 | 打 | 安 | 点 |
|---|---|---|---|---|---|---|---|
| 4 | 2 | 3 | 2 | 11 | 39 | 13 | 3 |

| 【栃　農】 | | 打 | 安 | 点 |
|---|---|---|---|---|
| ⑥ | 塚　原 | 4 | 2 | 0 |
| ② | 鈴　木 | 4 | 2 | 0 |
| ① | 星　野 | 5 | 3 | 1 |
| ⑧ | 福田将 | 5 | 2 | 1 |
| ③ | 小林我 | 3 | 2 | 0 |
| 3 | 戸　崎 | 1 | 0 | 0 |
| ⑤ | 横　塚 | 4 | 0 | 0 |
| ⑨ | 中　村 | 5 | 0 | 0 |
| ⑦ | バスネット | 2 | 1 | 0 |
| 7 | 岩　本 | 2 | 1 | 1 |
| ④ | 増　山 | 3 | 1 | 0 |

| 振 | 球 | 犠 | 併 | 残 | 打 | 安 | 点 |
|---|---|---|---|---|---|---|---|
| 7 | 5 | 1 | 0 | 11 | 38 | 14 | 3 |

| 投　手 | 回 | 打 | 安 | 失 |
|---|---|---|---|---|
| 川　上 | 9 2/3 | 44 | 14 | 4 |
| 星　野 | 10 | 44 | 13 | 3 |

## 栃農、劇的な延長サヨナラ 黒磯リード守れず涙

栃木農が延長戦を制した。十回2死満塁で途中出場の岩本がサヨナラ打を放ち、熱戦に終止符を打った。黒磯は八回2点リードを守れず。十回は1死三塁からの満塁策が実らなかった。互いに2桁安打ながら残塁は11と決め手に欠いた。

# 黒磯 × 栃農

| 1回戦 | （清原球場） | | | | | | | | | | 計 | |
|---|---|---|---|---|---|---|---|---|---|---|---|---|
| 黒　磯 | 0 | 0 | 2 | 0 | 0 | 0 | 0 | 1 | 0 | 0 | 3 | |
| 栃　農 | 0 | 0 | 0 | 0 | 1 | 0 | 0 | 2 | 0 | 1× | 4 | （延長十回） |

▽三塁打　関根、遠藤（黒）星野、福田将（栃）　▽二塁打　山田（黒）福田将（栃）
▽盗塁　栃1　▽暴投　黒1（川上）栃1（星野）　▽審判　（球）石川誠（塁）礒、宮崎、玉田
▽試合時間　2時間11分

# 壬生 × 鹿商工

| 【壬　生】 | | 打 | 安 | 点 |
|---|---|---|---|---|
| ③ | 早乙女 | 1 | 1 | 0 |
| ④ | 石　川 | 2 | 1 | 0 |
| ⑤ | 金　子 | 1 | 0 | 0 |
| ① | 秋　沢 | 2 | 0 | 0 |
| ② | 上　田 | 2 | 0 | 0 |
| ⑥ | 毛　塚 | 2 | 0 | 0 |
| ⑨ | 久　米 | 2 | 0 | 0 |
| ⑧ | 成　尾 | 2 | 0 | 0 |
| ⑦ | 諸　橋 | 2 | 0 | 0 |

| 振 | 球 | 犠 | 併 | 残 | 打 | 安 | 点 |
|---|---|---|---|---|---|---|---|
| 4 | 1 | 1 | 0 | 1 | 16 | 2 | 0 |

| 【鹿商工】 | | 打 | 安 | 点 |
|---|---|---|---|---|
| ⑥ | 見　目 | 3 | 2 | 2 |
| ④ | 佐　藤 | 3 | 1 | 1 |
| ① | 広瀬裕 | 2 | 1 | 2 |
| ⑤ | 松　元 | 2 | 1 | 0 |
| ② | 浜　田 | 3 | 1 | 2 |
| ⑦ | 小　又 | 2 | 1 | 2 |
| ③ | 坂　本 | 2 | 1 | 1 |
| ⑨ | 野　中 | 2 | 0 | 0 |
| H | 川　田 | 0 | 0 | 0 |
| ⑧ | 巻　島 | 2 | 1 | 2 |

| 振 | 球 | 犠 | 併 | 残 | 打 | 安 | 点 |
|---|---|---|---|---|---|---|---|
| 1 | 6 | 0 | 1 | 3 | 21 | 9 | 12 |

## 鹿商工、打線つながり快勝 壬生　先制するも実らず

先発8人に安打が出た鹿沼商工打線がつながった。2点を追う二回に坂本、巻島らの適時打で6得点。五回に見目の二塁打から6点を加え試合を決めた。壬生は初回に四球や石川の安打から失策絡みで先制に成功したが及ばなかった。

| 1回戦 | （清原球場） | | | | | 計 | |
|---|---|---|---|---|---|---|---|
| 壬　生 | 2 | 0 | 0 | 0 | 0 | 2 | |
| 鹿商工 | 0 | 6 | 0 | 0 | 6× | 12 | （五回コールド） |

| 投　手 | 回 | 打 | 安 | 失 |
|---|---|---|---|---|
| 秋　沢 | 4 0/3 | 27 | 9 | 12 |
| 広瀬裕 | 5 | 18 | 2 | 2 |

▽二塁打　見目、小又（鹿）　▽盗塁　鹿5　▽失策　壬1、鹿1　▽暴投　壬1（秋沢）
▽野選　壬1（秋沢）▽審判　（球）小澤（塁）宮崎、礒、町田　▽試合時間　1時間3分

# 茂木 × 矢板東

| 【茂　木】 | | 打 | 安 | 点 |
|---|---|---|---|---|
| ⑧ | 糸井 | 5 | 3 | 0 |
| ④ | 岩渕 | 2 | 1 | 2 |
| ⑦ | 小口 | 5 | 2 | 2 |
| 13 | 武井 | 0 | 0 | 0 |
| ② | 岡本 | 5 | 1 | 1 |
| ①9 | 檜山 | 5 | 2 | 1 |
| ③1 | 水沼 | 3 | 1 | 1 |
| ⑥ | 小森 | 5 | 2 | 0 |
| ⑨ | 加藤 | 3 | 0 | 0 |
| 97 | 仁平蓮 | 0 | 0 | 0 |
| ⑤ | 山口 | 4 | 2 | 0 |

| 振 | 球 | 犠 | 併 | 残 | 打 | 安 | 点 |
|---|---|---|---|---|---|---|---|
| 4 | 4 | 2 | 1 | 11 | 37 | 14 | 7 |

| 【矢板東】 | | 打 | 安 | 点 |
|---|---|---|---|---|
| ⑧ | 森田 | 2 | 0 | 0 |
| ⑥ | 池亀優 | 3 | 1 | 0 |
| ⑤ | 中村 | 3 | 2 | 0 |
| ③1 | 手塚 | 4 | 1 | 1 |
| ⑦3 | 生田目 | 3 | 0 | 0 |
| ② | 舟川 | 3 | 0 | 0 |
| ①7 | 渋井 | 3 | 0 | 0 |
| ⑨ | 栗原 | 3 | 0 | 0 |
| ④ | 四ツ谷 | 3 | 1 | 0 |

| 振 | 球 | 犠 | 併 | 残 | 打 | 安 | 点 |
|---|---|---|---|---|---|---|---|
| 9 | 4 | 0 | 1 | 6 | 27 | 5 | 1 |

## 茂木　機動力絡め快勝<br>矢板東、満塁の好機生かせず

小技と機動力を絡めた攻撃で茂木が八回コールド勝ちした。茂木は初回に糸井、岩渕、小口の3連打と檜山の適時打で先制。14安打6盗塁で8得点した。矢板東は初回に手塚の適時打で反撃したが、三回1死満塁での凡退が痛かった。

| 投手 | 回 | 打 | 安 | 失 |
|---|---|---|---|---|
| 檜山 | 7 1/3 | 27 | 5 | 1 |
| 武井 | 1/3 | 1 | 0 | 0 |
| 水沼 | 1/3 | 3 | 0 | 0 |
| 渋井 | 7 2/3 | 42 | 14 | 8 |
| 手塚 | 1/3 | 1 | 0 | 0 |

| 1回戦（清原球場） | | | | | | | | | 計 | |
|---|---|---|---|---|---|---|---|---|---|---|
| 茂木 | 3 | 0 | 0 | 0 | 0 | 1 | 0 | 4 | 8 | |
| 矢板東 | 1 | 0 | 0 | 0 | 0 | 0 | 0 | 0 | 1 | （八回コールド） |

▽二塁打　岩渕、小口、岡本（茂）　▽盗塁　茂6、矢1　▽失策　矢3　▽暴投　矢1（渋井）
▽審判　（球）寺田（塁）和田、大山、細井　▽試合時間　2時間9分

# 足利 × 足利清風

| 【足　利】 | | 打 | 安 | 点 |
|---|---|---|---|---|
| ⑥ | 芹澤 | 3 | 1 | 1 |
| 5 | 木村 | 1 | 0 | 0 |
| ⑤6 | 松田 | 1 | 1 | 1 |
| ⑧ | 吉田 | 3 | 1 | 2 |
| ⑦ | 山地 | 2 | 2 | 3 |
| ④ | 小野 | 4 | 1 | 0 |
| ⑨ | 須永 | 3 | 3 | 1 |
| ② | 遠藤 | 2 | 1 | 1 |
| ③ | 清水 | 2 | 2 | 2 |
| ① | 関田 | 1 | 1 | 2 |
| H | 早川 | 1 | 0 | 0 |
| 1 | 田中 | 0 | 0 | 0 |

| 振 | 球 | 犠 | 併 | 残 | 打 | 安 | 点 |
|---|---|---|---|---|---|---|---|
| 1 | 10 | 6 | 0 | 7 | 23 | 13 | 13 |

## 足利、先発全員安打17得点<br>足利清風、1安打に終わる

先発全員安打で圧倒した足利が五回コールド勝ち。二回に山地の2点適時二塁打など長短4安打で5得点。四回も打者一巡の猛攻を仕掛けた。足利清風は四回の世取山が中前打を放つのが精いっぱいだった。

| 【足利清風】 | | 打 | 安 | 点 |
|---|---|---|---|---|
| ⑥1 | 山崎 | 2 | 0 | 0 |
| ④ | 源田 | 2 | 0 | 0 |
| ② | 世取山 | 2 | 1 | 0 |
| ①6 | 森田 | 2 | 0 | 0 |
| ③ | 山中 | 2 | 0 | 0 |
| ⑤ | 中山 | 2 | 0 | 0 |
| ⑨ | 根岸 | 2 | 0 | 0 |
| ⑧ | 中村 | 1 | 0 | 0 |
| ⑦ | 小林 | 1 | 0 | 0 |

| 振 | 球 | 犠 | 併 | 残 | 打 | 安 | 点 |
|---|---|---|---|---|---|---|---|
| 7 | 0 | 0 | 0 | 1 | 16 | 1 | 0 |

| 1回戦（清原球場） | | | | | | 計 | |
|---|---|---|---|---|---|---|---|
| 足利 | 1 | 5 | 3 | 6 | 2 | 17 | |
| 足利清風 | 0 | 0 | 0 | 0 | 0 | 0 | （五回コールド） |

▽本塁打　須永（足）　▽二塁打　山地、遠藤、関田（足）　▽盗塁　足10　▽失策　清3
▽暴投　清1（森田）　▽審判　（球）古口（塁）船山、阿久津、駒場　▽試合時間　1時間24分

| 投手 | 回 | 打 | 安 | 失 |
|---|---|---|---|---|
| 関田 | 4 | 13 | 1 | 0 |
| 田中 | 1 | 3 | 0 | 0 |
| 森田 | 3 | 25 | 8 | 13 |
| 山崎 | 2 | 14 | 5 | 4 |

| 【佐　野】 | | 打 | 安 | 点 |
|---|---|---|---|---|
| ⑧ | 若田部 | 3 | 1 | 0 |
| ⑥ | 佐　山 | 3 | 1 | 1 |
| ④ | 大　門 | 3 | 1 | 1 |
| ① | 古　橋 | 4 | 0 | 0 |
| ② | 猿　橋 | 4 | 0 | 0 |
| ⑨ | 阿　部 | 4 | 0 | 0 |
| ⑦ | 鯉　沼 | 4 | 0 | 0 |
| ③ | 三　品 | 2 | 0 | 0 |
| ⑤ | 小　林 | 3 | 0 | 0 |

| 振 | 球 | 犠 | 併 | 残 | 打 | 安 | 点 |
|---|---|---|---|---|---|---|---|
| 5 | 3 | 1 | 0 | 4 | 30 | 3 | 2 |

| 【那須拓陽】 | | 打 | 安 | 点 |
|---|---|---|---|---|
| ⑦ | 畠　山 | 2 | 0 | 0 |
| H7 | 薄井和 | 2 | 0 | 0 |
| ⑧ | 国　井 | 5 | 2 | 0 |
| ② | 鈴　木 | 3 | 1 | 1 |
| ⑥ | 仲　野 | 4 | 3 | 2 |
| ⑨ | 小　川 | 2 | 1 | 1 |
| ③ | 土　橋 | 4 | 1 | 3 |
| ④ | 前　田 | 2 | 0 | 0 |
| H | 八月朔日 | 1 | 0 | 0 |
| R4 | 薄井翔 | 1 | 0 | 0 |
| ⑤ | 八ケ代 | 4 | 1 | 1 |
| ① | 佐　藤 | 4 | 1 | 0 |

| 振 | 球 | 犠 | 併 | 残 | 打 | 安 | 点 |
|---|---|---|---|---|---|---|---|
| 3 | 5 | 0 | 1 | 7 | 34 | 10 | 8 |

## 那須拓陽　鮮やか逆転劇
## 佐野、痛すぎた五回の6失点

那須拓陽の見事な逆転劇だった。2点を追う那須拓陽は五回、1死満塁から仲野の内野強襲安打と土橋の右翼線二塁打などで6点を挙げ逆転。佐野は五回に佐山の適時二塁打と大門の中犠飛で2点を勝ち越したが守り切れなかった。

# 佐野 × 那須拓陽

| 投手 | 回 | 打 | 安 | 失 |
|---|---|---|---|---|
| 古　橋 | 8 | 39 | 10 | 8 |
| 佐　藤 | 9 | 34 | 3 | 3 |

| 1回戦（清原球場） | | | | | | | | | | 計 |
|---|---|---|---|---|---|---|---|---|---|---|
| 佐　野 | 1 | 0 | 0 | 0 | 2 | 0 | 0 | 0 | 0 | 3 |
| 那須拓陽 | 1 | 0 | 0 | 0 | 6 | 1 | 0 | 0 | × | 8 |

▽二塁打　佐山（佐）国井、土橋、八ケ代、小川（那）　▽盗塁　那4　▽失策　那2
▽暴投　佐1（古橋）　▽審判　（球）野澤（塁）渡辺、木村泰、秋元篤　▽試合時間　1時間57分

| 【小山西】 | | 打 | 安 | 点 |
|---|---|---|---|---|
| ⑨1 | 菊　池 | 5 | 1 | 0 |
| ⑦4 | 生　井 | 3 | 2 | 1 |
| ② | 栗　原 | 3 | 0 | 1 |
| ③737 | 松　島 | 3 | 0 | 0 |
| ⑧78 | 漆　原 | 4 | 1 | 1 |
| ⑤ | 須　藤 | 4 | 3 | 3 |
| ①319 | 山　中 | 4 | 2 | 1 |
| ④6 | 七　原 | 3 | 1 | 1 |
| 3 | 俵　谷 | 0 | 0 | 0 |
| H | 猪　瀬 | 0 | 0 | 1 |
| ⑥ | 久　我 | 1 | 0 | 0 |
| 1 | 北　山 | 0 | 0 | 0 |
| 7 | 三　浦 | 0 | 0 | 0 |
| H7 | 中　田 | 2 | 1 | 0 |
| R8 | 月　井 | 0 | 0 | 0 |

| 振 | 球 | 犠 | 併 | 残 | 打 | 安 | 点 |
|---|---|---|---|---|---|---|---|
| 4 | 9 | 5 | 0 | 10 | 32 | 11 | 9 |

| 投手 | 回 | 打 | 安 | 失 |
|---|---|---|---|---|
| 山　中 | 3 | 12 | 3 | 0 |
| 北　山 | 0/3 | 4 | 2 | 4 |
| 山　中 | 4 2/3 | 22 | 6 | 3 |
| 菊　池 | 1 1/3 | 5 | 0 | 0 |
| 小　山 | 4 | 22 | 5 | 7 |
| 宮　口 | 5 | 24 | 6 | 2 |

| 【小山北桜】 | | 打 | 安 | 点 |
|---|---|---|---|---|
| ⑧ | 鶴見青 | 5 | 1 | 1 |
| ② | 武　田 | 5 | 3 | 2 |
| ⑤ | 松　島 | 4 | 1 | 0 |
| ⑨1 | 宮　口 | 4 | 1 | 0 |
| ①9 | 小　山 | 4 | 0 | 1 |
| ⑥ | 野　澤 | 5 | 1 | 0 |
| ⑦ | 渋　井 | 5 | 3 | 1 |
| ④ | 海老原 | 4 | 0 | 0 |
| ③ | 小　原 | 3 | 1 | 1 |

| 振 | 球 | 犠 | 併 | 残 | 打 | 安 | 点 |
|---|---|---|---|---|---|---|---|
| 14 | 4 | 0 | 0 | 9 | 39 | 11 | 6 |

## 小山西　九回に勝ち越し
## 小山北桜、猛追及ばず

小山西が粘る小山北桜を振り切った。小山西は同点で迎えた九回、松島の四球と須藤の内野安打などで1死二、三塁とし、七原の内野安打と猪瀬の左犠飛で2点を勝ち越した。小山北桜は7点差を追い付く粘りを見せたが、力尽きた。

| 1回戦（清原球場） | | | | | | | | | | 計 |
|---|---|---|---|---|---|---|---|---|---|---|
| 小山西 | 0 | 0 | 6 | 1 | 0 | 0 | 0 | 0 | 2 | 9 |
| 小山北桜 | 0 | 0 | 0 | 4 | 0 | 0 | 2 | 1 | 0 | 7 |

▽三塁打　須藤（西）　▽二塁打　武田、宮口（北）　▽盗塁　西1　▽失策　西2、北2
▽捕逸　北1（武田）　▽審判　（球）小澤（塁）玉田、岩上、後藤　▽試合時間　2時間31分

# 小山西 × 小山北桜

| 【宇短大付】 | | 打 | 安 | 点 |
|---|---|---|---|---|
| ③ | 鮎田 | 4 | 0 | 0 |
| ⑦ | 森山 | 4 | 3 | 1 |
| ⑥ | 竹谷 | 5 | 1 | 0 |
| ⑤ | 福田 | 4 | 0 | 0 |
| ② | 伊藤 | 5 | 2 | 0 |
| ④ | 池沢 | 5 | 2 | 0 |
| ⑧ | 佐藤 | 5 | 1 | 0 |
| ⑨ | 蓑輪 | 3 | 1 | 2 |
| ① | 中村 | 4 | 1 | 0 |

| 振 | 球 | 犠 | 併 | 残 | 打 | 安 | 点 |
|---|---|---|---|---|---|---|---|
| 6 | 2 | 2 | 1 | 13 | 39 | 11 | 3 |

| 【宇商】 | | 打 | 安 | 点 |
|---|---|---|---|---|
| ⑧ | 小山 | 5 | 2 | 0 |
| ④ | 高橋 | 3 | 0 | 0 |
| ⑥ | 加藤 | 5 | 3 | 0 |
| ③ | 斎藤直 | 3 | 0 | 0 |
| ① | 飯村 | 3 | 1 | 0 |
| ② | 猪瀬 | 3 | 2 | 2 |
| ⑨ | 和知 | 4 | 0 | 0 |
| ⑦ | 角田 | 4 | 1 | 0 |
| ⑤ | 鈴木 | 4 | 1 | 0 |

| 振 | 球 | 犠 | 併 | 残 | 打 | 安 | 点 |
|---|---|---|---|---|---|---|---|
| 10 | 3 | 2 | 0 | 10 | 34 | 10 | 2 |

| 投手 | 回 | 打 | 安 | 失 |
|---|---|---|---|---|
| 中村 | 9 | 39 | 10 | 2 |
| 飯村 | 9 | 43 | 11 | 3 |

## 宇商　5年ぶりの初戦敗退<br>宇短大付、攻守かみ合う

雷雨で中断した一戦を宇都宮短大付が制した。宇都宮短大付は森山が三回にランニング本塁打を放つなど活躍。先発の中村は9回を2失点に抑えた。宇都宮商は八回に猪瀬が意地の2点適時打を放ったが反撃はそこまでだった。

# 宇短大付 × 宇商

| 1回戦 (栃木県営球場) | | | | | | | | | | 計 |
|---|---|---|---|---|---|---|---|---|---|---|
| 宇短大付 | 0 | 1 | 1 | 0 | 0 | 0 | 0 | 1 | 0 | 3 |
| 宇商 | 0 | 0 | 0 | 0 | 0 | 0 | 0 | 2 | 0 | 2 |

▽本塁打　森山(宇)　▽二塁打　伊藤(宇)加藤(商)　▽盗塁　宇1、商1　▽失策　商3
▽捕逸　宇1(伊藤)　▽暴投　商1(飯村)　▽野選　商1(飯村)
▽審判　(球)木村智(塁)田村、笠井、秋元英▽試合時間　4時間35分(中断1時間59分)

# 大田原 × 白楊

| 【大田原】 | | 打 | 安 | 点 |
|---|---|---|---|---|
| ⑥ | 室井 | 5 | 1 | 0 |
| ⑤ | 伴 | 5 | 1 | 0 |
| ①7 | 宇賀神 | 4 | 1 | 1 |
| ③ | 石塚 | 3 | 2 | 0 |
| ⑨ | 福田 | 4 | 1 | 0 |
| ② | 岩井悠 | 2 | 1 | 1 |
| ④ | 鶴野 | 3 | 0 | 1 |
| ⑦ | 駒場 | 1 | 0 | 0 |
| H | 鈴木 | 1 | 1 | 0 |
| R | 木下 | 0 | 0 | 0 |
| 1 | 藤田励 | 0 | 0 | 0 |
| ⑧ | 小豆畑 | 4 | 0 | 0 |

| 振 | 球 | 犠 | 併 | 残 | 打 | 安 | 点 |
|---|---|---|---|---|---|---|---|
| 7 | 6 | 3 | 1 | 11 | 32 | 8 | 3 |

| 【白楊】 | | 打 | 安 | 点 |
|---|---|---|---|---|
| ② | 川島悠 | 4 | 2 | 1 |
| ④1 | 吉澤 | 3 | 1 | 0 |
| ⑥ | 藤田 | 4 | 2 | 2 |
| ⑧ | 小野 | 4 | 1 | 2 |
| ①4 | 森 | 2 | 1 | 0 |
| ⑤ | 新井 | 4 | 1 | 0 |
| ③ | 須藤 | 3 | 1 | 2 |
| ⑨ | 稲田 | 4 | 1 | 0 |
| ⑦ | 大嶋健 | 2 | 0 | 0 |

| 振 | 球 | 犠 | 併 | 残 | 打 | 安 | 点 |
|---|---|---|---|---|---|---|---|
| 4 | 6 | 2 | 0 | 7 | 30 | 10 | 7 |

## 白楊　着実に加点し快勝<br>大田原、悔やまれる11残塁

着実に加点した宇都宮白楊が大田原を下した。五回に藤田の左前2点適時打で逆転すると、六、七回は川島悠、小野の適時打で突き放した。大田原は二、四、五回に1点ずつ奪ったものの好機であと一本出ず、残塁は11を数えた。

| 1回戦 (栃木県営球場) | | | | | | | | | | 計 |
|---|---|---|---|---|---|---|---|---|---|---|
| 大田原 | 0 | 1 | 0 | 1 | 1 | 0 | 0 | 0 | 0 | 3 |
| 白楊 | 0 | 0 | 0 | 2 | 2 | 1 | 2 | 0 | × | 7 |

▽三塁打　岩井悠(大)吉澤(白)　▽二塁打　鈴木(大)小野(白)　▽盗塁　大1　▽守妨　大1　▽失策　大1
▽暴投　大1(宇賀神)、白1(吉澤)　▽審判　(球)中井(塁)石川雅、松島浩、神山　▽試合時間　2時間23分

| 投手 | 回 | 打 | 安 | 失 |
|---|---|---|---|---|
| 宇賀神 | 5 | 24 | 6 | 4 |
| 藤田励 | 3 | 14 | 4 | 3 |
| 森 | 8 2/3 | 39 | 7 | 3 |
| 吉澤 | 1/3 | 2 | 1 | 0 |

1回戦 栃農（対黒磯）

写真グラフ
2021 SUMMER

# 苦難乗り越え つかんだ勝利

栃木大会1回戦

開始式の選手宣誓
宇北

1回戦 茂木（対矢板東）

戦 茂木（対矢板東）

1回戦 白楊（対大田原）

1回戦 白楊（対大田原）

1回戦 宇短大付
（対宇商）

1回戦 真工
（対黒羽）

1回戦 烏山
（対矢板中央）

1回戦 栃商（対真岡北稜）

1回戦 国学栃木（対足工）

1回戦佐野日大（対高根沢）

1回戦 足利南
（対栃木松桜）

1回戦
宇短大付
（対宇商）

1回戦 小山西
（対小山北桜）

1回戦 矢板（対鹿沼）

1回戦 佐野東（対幸福）

1回戦 鹿沼東（対文星付）

写真グラフ　2021 SUMMER

# 真夏の輝き　敗れてもなお

## 栃木大会 1回戦

1回戦 栃木翔南（対真岡）

1回戦 今工（対宇工）

1回戦 さくら清修（対那須清峰）

1回戦 佐野（対那須拓陽）

1回戦 益子芳星・那須（対栃工）

1回戦 矢板中央（対烏山）

1回戦 黒羽（対真工）

1回戦 鹿沼南（対宇北）

1回戦 宇商（対宇短大付）

1回戦 小山北桜（対小山西）

1回戦 壬生（対鹿商工）

1回戦 足工（対国学栃木）

1回戦 高根沢(対佐野日大)

1回戦 今市(対小山南)

1回戦 上三川(対栃木)

1回戦 足利清風(対足利)

1回戦 佐野松桜(対足利南)

1回戦 清陵(対石橋)

1回戦 佐野（対那須拓陽）

1回戦 黒磯南（対足大付）

1回戦 小山高専（対宇都宮）

写真グラフ 2021 SUMMER

# 真夏の輝き 敗れてもなお

栃木大会1回戦

1回戦 宇東（対小山）

1回戦 小山北桜（対小山西）

1回戦 大田原（対白楊）

1回戦 矢板東（対茂木）

1回戦 真岡北稜（対栃商）

1回戦 黒磯（対栃農）

部長 森田 泰典　監督 篠崎 淳　○キャプテン

| 背番号 | 氏 名 | 学年 | 身長 | 体重 | 投 打 | 出身中 |
|---|---|---|---|---|---|---|
| 1 | 堀越 健太 | 3 | 189 | 86 | 右右 | 三島 |
| 2 | 菊池 優斗 | 3 | 173 | 72 | 右右 | 陽南 |
| 3 | 大久保 蒼人 | 3 | 173 | 72 | 右右 | 氏家 |
| 4 | 竹山 大誠 | 3 | 176 | 69 | 右左 | 南河内二 |
| 5 | 原田 耕乃介 | 3 | 170 | 74 | 右右 | 本郷 |
| 6 | 齋藤 勇之介 | 3 | 168 | 62 | 右左 | 鬼怒 |
| ⑦ | 岸 耕大 | 3 | 170 | 64 | 右右 | 国本 |
| 8 | 早川 和明 | 3 | 171 | 71 | 右右 | 豊岡 |
| 9 | 藤木 拓也 | 3 | 179 | 72 | 右右 | 小山城南 |
| 10 | 水﨑 誠 | 3 | 173 | 68 | 右右 | 宇大附属 |
| 11 | 大須賀 結城 | 3 | 173 | 61 | 右右 | 鬼怒 |
| 12 | 松井 航輝 | 3 | 166 | 58 | 右右 | 宇大附属 |
| 13 | 髙﨑 一輝 | 2 | 170 | 60 | 左左 | 南河内二 |
| 14 | 谷山 樟太 | 2 | 175 | 60 | 右右 | 河内 |
| 15 | 高田 朋信 | 2 | 175 | 69 | 右左 | 壬生 |
| 16 | 江田 壮志 | 2 | 174 | 67 | 右左 | 旭 |
| 17 | 佐藤 優真 | 2 | 171 | 57 | 右右 | 陽南 |
| 18 | 塚原 大翔 | 2 | 170 | 61 | 右右 | 姿川 |
| 19 | 重松 千洋 | 2 | 173 | 65 | 右左 | 陽北 |
| 20 | 丸山 晃典 | 2 | 168 | 60 | 右右 | 陽北 |

宇都宮

# UTSUNOMIYA

宇都宮

部長 磯 良則　監督 島田 稔　○キャプテン

| 背番号 | 氏 名 | 学年 | 身長 | 体重 | 投 打 | 出身中 |
|---|---|---|---|---|---|---|
| 1 | 豊田 一颯 | 2 | 173 | 56 | 右左 | 宇東附属 |
| 2 | 池田 康生 | 1 | 164 | 64 | 右左 | 陽北 |
| 3 | 篠原 佑騎 | 1 | 173 | 68 | 右左 | 宇東附属 |
| ④ | 黒﨑 拓人 | 3 | 169 | 65 | 右右 | 泉が丘 |
| 5 | 萩原 光星 | 2 | 172 | 73 | 右右 | 清原 |
| 6 | 大森 陽向 | 1 | 175 | 70 | 右右 | 宇東附属 |
| 7 | 金田 涼那 | 1 | 165 | 61 | 右右 | 宇東附属 |
| 8 | 齋藤 郁水 | 2 | 174 | 64 | 右右 | 泉が丘 |
| 9 | 大久保 智紀 | 3 | 178 | 68 | 右右 | 宇東附属 |
| 10 | 加藤 悠仁 | 1 | 157 | 41 | 右左 | 宇東附属 |
| 11 | 大西 智貴 | 1 | 155 | 41 | 右右 | 宇東附属 |

宇東

# UTSUNOMIYA HIGASHI

宇都宮東

部長 山口 隼哉　監督 荒井 浩司　○キャプテン

| 背番号 | 氏 名 | 学年 | 身長 | 体重 | 投 打 | 出身中 |
|---|---|---|---|---|---|---|
| 1 | 矢田部 真輝 | 3 | 176 | 73 | 右右 | 阿久津 |
| 2 | 伊藤 海輝 | 3 | 168 | 60 | 右左 | 本郷 |
| 3 | 北原 慶史 | 3 | 176 | 68 | 右右 | 陽南 |
| ④ | 坂本 法 | 3 | 170 | 66 | 右左 | 本郷 |
| 5 | 沼倉 綾大 | 3 | 176 | 70 | 右右 | 瑞穂野 |
| 6 | 金枝 篤史 | 3 | 174 | 71 | 右右 | 阿久津 |
| 7 | 杉山 瑛翔 | 3 | 172 | 64 | 右左 | 上三川 |
| 8 | 星野 大耀 | 3 | 172 | 65 | 右右 | 陽南 |
| 9 | 辻 瞬吏 | 3 | 165 | 58 | 右右 | 若松原 |
| 10 | 藤田 颯真 | 3 | 171 | 62 | 右右 | 横川 |
| 11 | 髙野 啓太 | 3 | 163 | 64 | 右右 | 阿久津 |
| 12 | 小野 巨樹 | 3 | 166 | 58 | 右右 | 石橋 |
| 13 | 坂本 叶斗 | 3 | 172 | 78 | 右右 | 石橋 |
| 14 | 福田 翔貴 | 3 | 182 | 72 | 左左 | 落合 |
| 15 | 石﨑 蒼真 | 2 | 174 | 66 | 右左 | 陽南 |
| 16 | 福田 智大 | 2 | 164 | 63 | 右右 | 本郷 |
| 17 | 神山 由翔 | 2 | 178 | 70 | 右右 | 国分寺 |
| 18 | 菅原 柊 | 2 | 166 | 58 | 右左 | 若松原 |
| 19 | 瓦井 颯樹 | 2 | 170 | 66 | 右左 | 南犬飼 |
| 20 | 稲田 晴人 | 2 | 182 | 63 | 右右 | 芳賀 |

宇南

# UTSUNOMIYA MINAMI

宇都宮南

宇北

部長 加藤 弘通　監督 鈴木 弘幸　○キャプテン

| 背番号 | 氏名 | 学年 | 身長 | 体重 | 投打 | 出身中 |
|---|---|---|---|---|---|---|
| 1 | 桧山 嘉乃人 | 3 | 186 | 77 | 右右 | 豊郷 |
| 2 | 岡村 虹輝 | 3 | 175 | 67 | 右左 | 豊郷 |
| 3 | 工藤 真大 | 2 | 174 | 67 | 右右 | 陽東 |
| 4 | 佐藤 広空 | 3 | 172 | 68 | 右左 | 宝木 |
| ⑤ | 多田出 真生 | 3 | 175 | 76 | 右右 | 河内 |
| 6 | 須藤 康介 | 2 | 165 | 54 | 右右 | 古里 |
| 7 | 川村 智哉 | 3 | 173 | 74 | 右右 | 星が丘 |
| 8 | 砂押 錬汰 | 3 | 167 | 65 | 右右 | 泉が丘 |
| 9 | 横山 隼也 | 2 | 167 | 66 | 右右 | 古里 |
| 10 | 小野瀬 康太 | 2 | 173 | 55 | 右左 | 陽北 |
| 11 | 篠原 慶一郎 | 2 | 172 | 52 | 右右 | 陽西 |
| 12 | 平船 巧真 | 2 | 164 | 54 | 右右 | 宮の原 |
| 13 | 中村 考志 | 2 | 178 | 97 | 右右 | 泉が丘 |
| 14 | 高橋 英慎 | 1 | 170 | 70 | 右右 | 鬼怒 |
| 15 | 江田 伊織 | 1 | 176 | 73 | 右左 | 旭 |
| 16 | 平出 倭士 | 1 | 170 | 62 | 右右 | 陽南 |
| 17 | 柴田 陽生 | 1 | 168 | 70 | 右左 | 晃陽 |
| 18 | 大和田 遼仁 | 1 | 176 | 68 | 右左 | 阿久津 |
| 19 | 横山 悟 | 1 | 180 | 61 | 右右 | 泉が丘 |
| 20 | 橋本 翔吾 | 1 | 170 | 57 | 右右 | 陽北 |

## UTSUNOMIYA KITA

### 宇都宮北

清陵

部長 南雲 英利　監督 原 卓寛　○キャプテン

| 背番号 | 氏名 | 学年 | 身長 | 体重 | 投打 | 出身中 |
|---|---|---|---|---|---|---|
| 1 | 塩田 龍馬 | 3 | 173 | 66 | 右左 | 古里 |
| ② | 手塚 優正 | 3 | 170 | 63 | 右右 | 大内 |
| 3 | 栗島 陽人 | 3 | 161 | 66 | 右右 | 清原 |
| 4 | 松田 悠希 | 3 | 169 | 54 | 右右 | 陽東 |
| 5 | 渡邉 柊士 | 2 | 179 | 64 | 右右 | 鬼怒 |
| 6 | 髙橋 遼至 | 3 | 178 | 60 | 右右 | 陽東 |
| 7 | 加藤 隼 | 3 | 172 | 53 | 右右 | 瑞穂野 |
| 8 | 阿久津 レナード | 2 | 167 | 61 | 右左 | 芳賀 |
| 9 | 大塚 礼恩 | 3 | 169 | 67 | 右右 | 瑞穂野 |
| 10 | 細井 颯斗 | 2 | 173 | 57 | 右右 | 横川 |
| 11 | 山崎 颯大 | 2 | 170 | 69 | 右右 | 黒磯 |
| 12 | 大塚 俊哉 | 2 | 168 | 60 | 右右 | 山前 |
| 13 | 芝野 大介 | 2 | 171 | 65 | 左左 | 大内 |
| 14 | 山久保 泰夢 | 2 | 162 | 57 | 右右 | 陽東 |
| 15 | 平山 唯斗 | 2 | 172 | 58 | 右左 | 横川 |
| 16 | 小松 寛斗 | 2 | 166 | 68 | 右右 | 市貝 |
| 17 | 髙橋 一樹 | 1 | 172 | 61 | 右右 | 陽東 |
| 18 | 飯塚 優翔 | 1 | 168 | 54 | 左左 | 陽北 |
| 19 | 久保田 大翔 | 1 | 172 | 73 | 右右 | 真岡西 |
| 20 | 手塚 駿太 | 1 | 164 | 67 | 右右 | 大内 |

## UTSUNOMIYA SEIRYO

### 宇都宮清陵

白楊

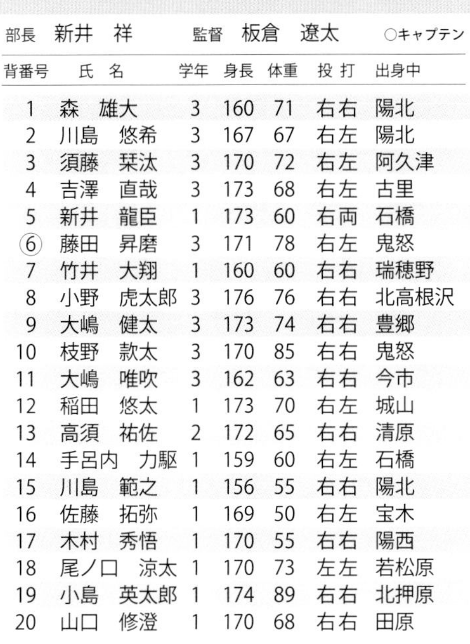

部長 新井 祥　監督 板倉 遼太　○キャプテン

| 背番号 | 氏名 | 学年 | 身長 | 体重 | 投打 | 出身中 |
|---|---|---|---|---|---|---|
| 1 | 森 雄大 | 3 | 160 | 71 | 右右 | 陽北 |
| 2 | 川島 悠希 | 3 | 167 | 67 | 右左 | 陽北 |
| 3 | 須藤 琹汰 | 3 | 170 | 72 | 右左 | 阿久津 |
| 4 | 吉澤 直哉 | 3 | 173 | 68 | 右左 | 古里 |
| 5 | 新井 龍臣 | 1 | 173 | 60 | 右両 | 石橋 |
| ⑥ | 藤田 昇磨 | 3 | 171 | 78 | 右左 | 鬼怒 |
| 7 | 竹井 大翔 | 1 | 160 | 60 | 右右 | 瑞穂野 |
| 8 | 小野 虎太郎 | 3 | 176 | 76 | 右右 | 北高根沢 |
| 9 | 大嶋 健太 | 3 | 173 | 74 | 右右 | 豊郷 |
| 10 | 枝野 款太 | 3 | 170 | 85 | 右右 | 鬼怒 |
| 11 | 大嶋 唯吹 | 3 | 162 | 63 | 右右 | 今市 |
| 12 | 稲田 悠太 | 1 | 173 | 70 | 右左 | 城山 |
| 13 | 高須 祐佐 | 2 | 172 | 65 | 右右 | 清原 |
| 14 | 手呂内 力駆 | 1 | 159 | 60 | 右左 | 石橋 |
| 15 | 川島 範之 | 1 | 156 | 55 | 右右 | 陽北 |
| 16 | 佐藤 拓弥 | 1 | 169 | 50 | 右左 | 宝木 |
| 17 | 木村 秀悟 | 1 | 170 | 55 | 右右 | 陽西 |
| 18 | 尾ノ口 涼太 | 1 | 170 | 73 | 左左 | 若松原 |
| 19 | 小島 英太郎 | 1 | 174 | 89 | 右右 | 北押原 |
| 20 | 山口 修澄 | 1 | 170 | 68 | 右右 | 田原 |

## UTSUNOMIYA HAKUYO

### 宇都宮白楊

宇工

部長 岡田 宗大　監督 大森 一之　○キャプテン

| 背番号 | 氏名 | 学年 | 身長 | 体重 | 投打 | 出身中 |
|---|---|---|---|---|---|---|
| 1 | 植竹 遼 | 3 | 176 | 75 | 右右 | 南犬飼 |
| 2 | 山﨑 悠生 | 3 | 174 | 74 | 右右 | 明治 |
| 3 | 武藤 凪冴 | 3 | 179 | 88 | 左左 | 上三川 |
| 4 | 坂和 真瞳 | 3 | 170 | 66 | 右右 | 親園 |
| 5 | 本橋 礼基 | 3 | 162 | 63 | 右左 | 西那須野 |
| 6 | 落合 優成 | 3 | 167 | 65 | 右右 | 鹿沼北 |
| 7 | 柿沼 大蔵 | 3 | 172 | 75 | 右右 | 日光東 |
| ⑧ | 福田 空脩 | 3 | 171 | 75 | 左左 | 鹿沼北 |
| 9 | 近藤 玲臣 | 3 | 175 | 70 | 右左 | 寺尾 |
| 10 | 切刀 聖人 | 3 | 179 | 78 | 左左 | 陽西 |
| 11 | 橋本 晃真 | 3 | 174 | 74 | 右右 | 小山二 |
| 12 | 石川 悠月 | 3 | 173 | 73 | 右右 | 小山三 |
| 13 | 塙 結友 | 3 | 171 | 75 | 右右 | 芳賀 |
| 14 | 野中 太貴 | 3 | 175 | 77 | 左左 | 姿川 |
| 15 | 八木澤 洋暢 | 3 | 180 | 87 | 右右 | 今市 |
| 16 | 坂本 蓮 | 3 | 170 | 67 | 右右 | 星が丘 |
| 17 | 野澤 寛人 | 3 | 170 | 70 | 右左 | 大内 |
| 18 | 村上 雄都 | 3 | 171 | 60 | 右左 | 宝木 |
| 19 | 堀江 翔太 | 3 | 168 | 74 | 右右 | 河内 |
| 20 | 飯塚 太永 | 2 | 175 | 75 | 右右 | 鬼怒 |

## UTSUNOMIYA KOGYO

宇都宮工業

宇商

部長 山崎 好浩　監督 山口 晃弘　○キャプテン

| 背番号 | 氏名 | 学年 | 身長 | 体重 | 投打 | 出身中 |
|---|---|---|---|---|---|---|
| 1 | 飯村 晃貴 | 3 | 173 | 71 | 左左 | 田原 |
| 2 | 猪瀬 匡史 | 3 | 176 | 76 | 右右 | 国本 |
| 3 | 齋藤 直仁 | 2 | 177 | 70 | 右右 | 陽西 |
| 4 | 髙橋 颯太 | 3 | 165 | 62 | 右左 | 雀宮 |
| 5 | 鈴木 敬人 | 3 | 162 | 62 | 右右 | 鹿沼北 |
| ⑥ | 加藤 悠太 | 3 | 171 | 71 | 右右 | 豊郷 |
| 7 | 角田 侑介 | 3 | 177 | 71 | 右右 | 一条 |
| 8 | 小山 太一 | 3 | 174 | 67 | 左左 | 大田原 |
| 9 | 和知 宥佐 | 3 | 181 | 77 | 右右 | 陽北 |
| 10 | 水田 悠太郎 | 3 | 178 | 78 | 左左 | 清原 |
| 11 | 綱川 顕誠 | 3 | 175 | 75 | 右右 | 芳賀 |
| 12 | 島田 粋生 | 3 | 173 | 70 | 右右 | 清原 |
| 13 | 濱﨑 慎之助 | 3 | 172 | 65 | 右左 | 陽北 |
| 14 | 堀野 陽光 | 2 | 176 | 66 | 右右 | 横川 |
| 15 | 半田 大晟 | 3 | 167 | 68 | 右右 | 一条 |
| 16 | 細田 陸 | 3 | 164 | 60 | 右右 | 塩谷 |
| 17 | 齋藤 皓欧 | 3 | 165 | 67 | 右左 | 北高根沢 |
| 18 | 塚原 塁斗 | 2 | 165 | 60 | 右左 | 陽北 |
| 19 | 寺田 大悟 | 2 | 173 | 65 | 右右 | 陽北 |
| 20 | 山中 孝浩 | 3 | 175 | 68 | 右右 | 国分寺 |

## UTSUNOMIYA SHOGYO

宇都宮商業

作新

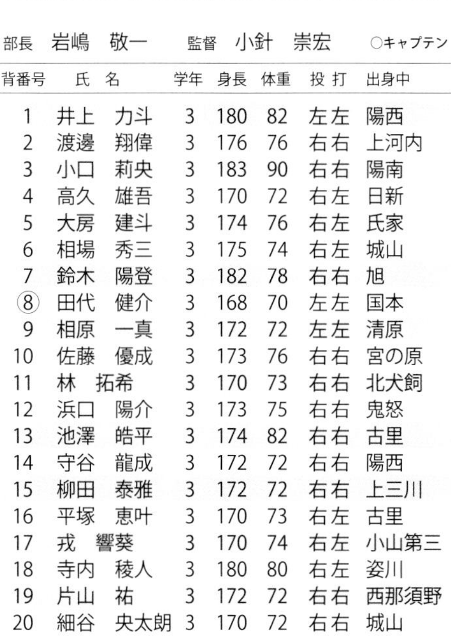

部長 岩嶋 敬一　監督 小針 崇宏　○キャプテン

| 背番号 | 氏名 | 学年 | 身長 | 体重 | 投打 | 出身中 |
|---|---|---|---|---|---|---|
| 1 | 井上 力斗 | 3 | 180 | 82 | 左左 | 陽西 |
| 2 | 渡邊 翔偉 | 3 | 176 | 76 | 右右 | 上河内 |
| 3 | 小口 莉央 | 3 | 183 | 90 | 右右 | 陽南 |
| 4 | 高久 雄吾 | 3 | 170 | 72 | 右左 | 日新 |
| 5 | 大房 建斗 | 3 | 174 | 76 | 右左 | 氏家 |
| 6 | 相場 秀三 | 3 | 175 | 74 | 右左 | 城山 |
| 7 | 鈴木 陽登 | 3 | 182 | 78 | 右右 | 旭 |
| ⑧ | 田代 健介 | 3 | 168 | 70 | 左左 | 国本 |
| 9 | 相原 一真 | 3 | 172 | 72 | 左左 | 清原 |
| 10 | 佐藤 優成 | 3 | 173 | 76 | 右右 | 宮の原 |
| 11 | 林 拓希 | 3 | 170 | 73 | 右右 | 北犬飼 |
| 12 | 浜口 陽介 | 3 | 173 | 75 | 右右 | 鬼怒 |
| 13 | 池澤 皓平 | 3 | 174 | 82 | 右右 | 古里 |
| 14 | 守谷 龍成 | 3 | 172 | 72 | 右右 | 陽西 |
| 15 | 柳田 泰雅 | 3 | 172 | 72 | 右右 | 上三川 |
| 16 | 平塚 恵叶 | 3 | 170 | 73 | 右左 | 古里 |
| 17 | 戎 響葵 | 3 | 170 | 74 | 右左 | 小山第三 |
| 18 | 寺内 稜人 | 3 | 180 | 80 | 右左 | 姿川 |
| 19 | 片山 祐 | 3 | 172 | 72 | 右右 | 西那須野 |
| 20 | 細谷 央太朗 | 3 | 170 | 72 | 右右 | 城山 |

## SAKUSHIN GAKUIN

作新学院

文星付

# BUNSEI GEIDAI FUZOKU

文星芸大付属

部長 八木 祐樹　監督 髙根澤 力　○キャプテン

| 背番号 | 氏名 | 学年 | 身長 | 体重 | 投打 | 出身中 |
|---|---|---|---|---|---|---|
| 1 | 江田 凌太 | 3 | 175 | 81 | 左左 | 落合 |
| 2 | 福田 夢羽斗 | 3 | 176 | 83 | 右右 | 宮の原 |
| 3 | 齋藤 翔夢 | 3 | 179 | 74 | 右右 | 阿久津 |
| 4 | 曽我 雄斗 | 1 | 164 | 55 | 右右 | 陽西 |
| 5 | 沼井 拓人 | 3 | 180 | 79 | 右左 | 那須中央 |
| 6 | 長谷川 陸 | 3 | 174 | 70 | 右左 | 那須中央 |
| ⑦ | 佐藤 真也 | 3 | 171 | 70 | 右左 | 泉が丘 |
| 8 | 君島 貫太 | 3 | 168 | 70 | 右右 | 北犬飼 |
| 9 | 下妻 聡輔 | 3 | 178 | 73 | 右右 | 鹿沼北 |
| 10 | 戸田 隼輔 | 3 | 174 | 77 | 左左 | 大田原 |
| 11 | 髙瀬 晃生 | 3 | 176 | 78 | 右左 | 城山 |
| 12 | 俵藤 知憲 | 2 | 164 | 67 | 右右 | 西那須野 |
| 13 | 乙幡 陽 | 2 | 176 | 66 | 右右 | 小川 |
| 14 | 雫 太一 | 3 | 166 | 66 | 右右 | 鬼怒 |
| 15 | 若松 夢将 | 3 | 169 | 58 | 右左 | 陽東 |
| 16 | 髙橋 経 | 2 | 170 | 63 | 右左 | 陽西 |
| 17 | 押久保 颯星 | 3 | 170 | 68 | 右右 | 芳賀 |
| 18 | 吉田 翔 | 2 | 166 | 63 | 右右 | 粟野 |
| 19 | 八木澤 一颯 | 3 | 170 | 71 | 右右 | 阿久津 |
| 20 | 入江 奏 | 2 | 174 | 67 | 右右 | 石橋 |

宇短大付

# UTSUNOMIYA TANDAI FUZOKU

宇都宮短大付属

部長 酒井 貴弘　監督 増田 清　○キャプテン

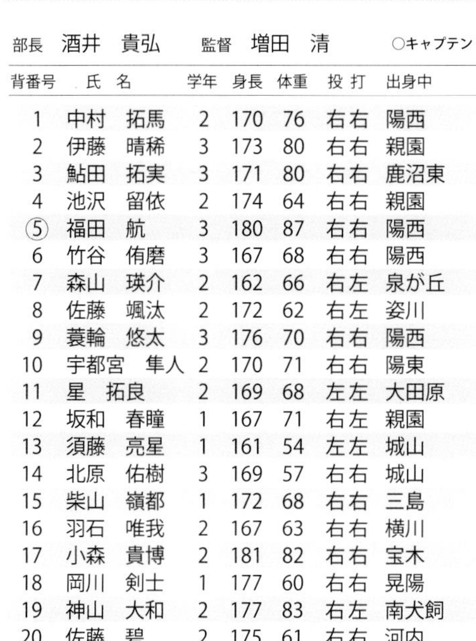

| 背番号 | 氏名 | 学年 | 身長 | 体重 | 投打 | 出身中 |
|---|---|---|---|---|---|---|
| 1 | 中村 拓馬 | 2 | 170 | 76 | 右右 | 陽西 |
| 2 | 伊藤 晴稀 | 3 | 173 | 80 | 右右 | 親園 |
| 3 | 鮎田 拓実 | 3 | 171 | 80 | 右右 | 鹿沼東 |
| 4 | 池沢 留依 | 2 | 174 | 64 | 右右 | 親園 |
| ⑤ | 福田 航 | 3 | 180 | 87 | 右右 | 陽西 |
| 6 | 竹谷 侑磨 | 3 | 167 | 68 | 右右 | 陽西 |
| 7 | 森山 瑛介 | 2 | 162 | 66 | 右左 | 泉が丘 |
| 8 | 佐藤 颯汰 | 2 | 172 | 62 | 右左 | 姿川 |
| 9 | 蓑輪 悠太 | 3 | 176 | 70 | 右右 | 陽西 |
| 10 | 宇都宮 隼人 | 2 | 170 | 71 | 右右 | 陽東 |
| 11 | 星 拓良 | 2 | 169 | 68 | 左左 | 大田原 |
| 12 | 坂和 春瞳 | 1 | 167 | 71 | 右左 | 親園 |
| 13 | 須藤 亮星 | 1 | 161 | 54 | 左左 | 城山 |
| 14 | 北原 佑樹 | 3 | 169 | 57 | 右右 | 城山 |
| 15 | 柴山 嶺都 | 1 | 172 | 68 | 右右 | 三島 |
| 16 | 羽石 唯我 | 2 | 167 | 63 | 右右 | 横川 |
| 17 | 小森 貴博 | 2 | 181 | 82 | 右右 | 宝木 |
| 18 | 岡川 剣士 | 1 | 177 | 60 | 右右 | 晃陽 |
| 19 | 神山 大和 | 2 | 177 | 83 | 右左 | 南犬飼 |
| 20 | 佐藤 碧 | 2 | 175 | 61 | 右右 | 河内 |

石橋

# ISHIBASHI

石橋

部長 菅原 健太　監督 福田 博之　○キャプテン

| 背番号 | 氏名 | 学年 | 身長 | 体重 | 投打 | 出身中 |
|---|---|---|---|---|---|---|
| 1 | 篠崎 晃成 | 3 | 174 | 74 | 右左 | 雀宮 |
| ② | 小林 到 | 3 | 171 | 75 | 右右 | 国分寺 |
| 3 | 曽雌 悠斗 | 2 | 175 | 67 | 左左 | 陽北 |
| 4 | 小口 凌巧 | 2 | 171 | 66 | 右右 | 星が丘 |
| 5 | 石﨑 陸央 | 3 | 168 | 67 | 右左 | 清原 |
| 6 | 齋藤 陽平 | 3 | 166 | 62 | 右左 | 城南 |
| 7 | 笹川 健人 | 3 | 173 | 82 | 右右 | 泉が丘 |
| 8 | 深澤 澪 | 2 | 175 | 70 | 右左 | 古里 |
| 9 | 石川 慶悟 | 3 | 172 | 78 | 右左 | 泉が丘 |
| 10 | 亀井 湧希 | 2 | 170 | 67 | 右左 | 宇東附属 |
| 11 | 木村 綾希 | 3 | 174 | 99 | 右右 | 上三川 |
| 12 | 米澤 宙透 | 2 | 171 | 66 | 右右 | 陽北 |
| 13 | 嶋田 敦弘 | 3 | 170 | 66 | 右左 | 国本 |
| 14 | 坂田 翔海 | 3 | 165 | 67 | 右右 | 小山三 |
| 15 | 髙橋 晴規 | 3 | 166 | 61 | 右右 | 田原 |
| 16 | 澤舐 大介 | 3 | 171 | 78 | 右左 | 横川 |
| 17 | 佐藤 海凪 | 3 | 171 | 61 | 右左 | 国本 |
| 18 | 森田 大翔 | 3 | 168 | 69 | 右右 | 城南 |
| 19 | 伊藤 光志 | 3 | 173 | 64 | 右右 | 泉が丘 |
| 20 | 藤巻 翔汰 | 1 | 172 | 73 | 左左 | 大谷 |

鹿沼

## KANUMA

鹿 沼

部長 大熊 良裕　監督 中田 憲一　○キャプテン

| 背番号 | 氏名 | 学年 | 身長 | 体重 | 投打 | 出身中 |
|---|---|---|---|---|---|---|
| 1 | 大竹 海央 | 3 | 173 | 76 | 右右 | 東原 |
| ② | 髙橋 力 | 3 | 170 | 66 | 右右 | 鹿沼北 |
| 3 | 川俣 大輔 | 2 | 174 | 75 | 左左 | 南犬飼 |
| 4 | 中山 泰貴 | 3 | 166 | 65 | 右右 | 今市 |
| 5 | 大島 心 | 2 | 171 | 70 | 右右 | 都賀 |
| 6 | 齋藤 匠 | 1 | 170 | 65 | 右左 | 南摩 |
| 7 | 吉岡 大介 | 3 | 168 | 53 | 右右 | 宮の原 |
| 8 | 露久保 璃音 | 3 | 183 | 65 | 右左 | 西方 |
| 9 | 渡邊 周太郎 | 3 | 176 | 70 | 右右 | 今市 |
| 10 | 山越 寛大 | 3 | 166 | 56 | 右右 | 豊岡 |
| 11 | 渡辺 翔太 | 2 | 168 | 52 | 右左 | 壬生 |
| 12 | 善林 俊伍 | 2 | 168 | 65 | 右右 | 南押原 |
| 13 | 藤田 華輝 | 2 | 165 | 70 | 右左 | 鹿沼西 |
| 14 | 阿久津 典哉 | 2 | 166 | 70 | 右右 | 壬生 |
| 15 | 大野 広夢 | 2 | 171 | 72 | 右右 | 西方 |
| 16 | 稲津 秀都 | 2 | 166 | 62 | 右右 | 文星芸大付属 |
| 17 | 猪瀬 寛太 | 1 | 165 | 63 | 右右 | 北犬飼 |
| 18 | 野村 亮太 | 1 | 179 | 69 | 右左 | 大平南 |
| 19 | 市川 結基 | 1 | 162 | 52 | 右左 | 鹿沼北 |
| 20 | 石崎 大喜 | 1 | 173 | 53 | 右右 | 宝木 |

鹿沼東

## KANUMA HIGASHI

鹿沼東

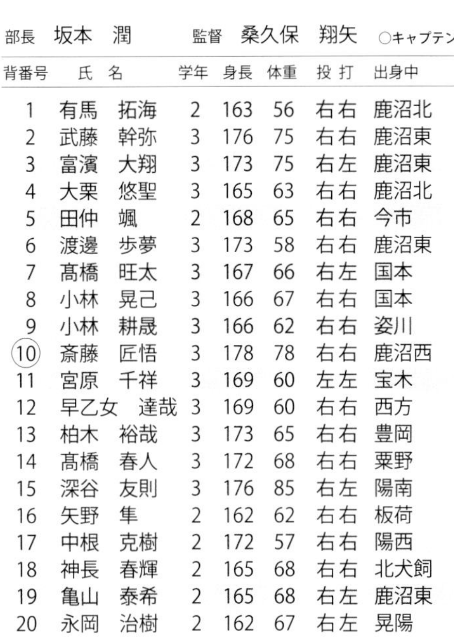

部長 坂本 潤　監督 桑久保 翔矢　○キャプテン

| 背番号 | 氏名 | 学年 | 身長 | 体重 | 投打 | 出身中 |
|---|---|---|---|---|---|---|
| 1 | 有馬 拓海 | 2 | 163 | 56 | 右右 | 鹿沼北 |
| 2 | 武藤 幹弥 | 3 | 176 | 75 | 右右 | 鹿沼東 |
| 3 | 富濱 大翔 | 3 | 173 | 75 | 右左 | 鹿沼東 |
| 4 | 大栗 悠聖 | 3 | 165 | 63 | 右右 | 鹿沼北 |
| 5 | 田仲 颯 | 2 | 168 | 65 | 右右 | 今市 |
| 6 | 渡邊 歩夢 | 3 | 173 | 58 | 右右 | 鹿沼東 |
| 7 | 髙橋 旺太 | 3 | 167 | 66 | 右左 | 国本 |
| 8 | 小林 晃己 | 3 | 166 | 67 | 右右 | 国本 |
| 9 | 小林 耕晟 | 3 | 166 | 62 | 右右 | 姿川 |
| ⑩ | 斎藤 匠悟 | 3 | 178 | 78 | 右右 | 鹿沼西 |
| 11 | 宮原 千祥 | 3 | 169 | 60 | 左左 | 宝木 |
| 12 | 早乙女 達哉 | 3 | 169 | 60 | 右右 | 西方 |
| 13 | 柏木 裕哉 | 3 | 173 | 65 | 右右 | 豊岡 |
| 14 | 髙橋 春人 | 3 | 172 | 68 | 右右 | 粟野 |
| 15 | 深谷 友則 | 3 | 176 | 85 | 右左 | 陽南 |
| 16 | 矢野 隼 | 2 | 162 | 62 | 右右 | 板荷 |
| 17 | 中根 克樹 | 2 | 172 | 57 | 右右 | 陽西 |
| 18 | 神長 春輝 | 2 | 165 | 68 | 右右 | 北犬飼 |
| 19 | 亀山 泰希 | 2 | 165 | 68 | 右左 | 鹿沼東 |
| 20 | 永岡 治樹 | 2 | 162 | 67 | 右左 | 晃陽 |

鹿商工

## KANUMA SHOKO

鹿沼商工

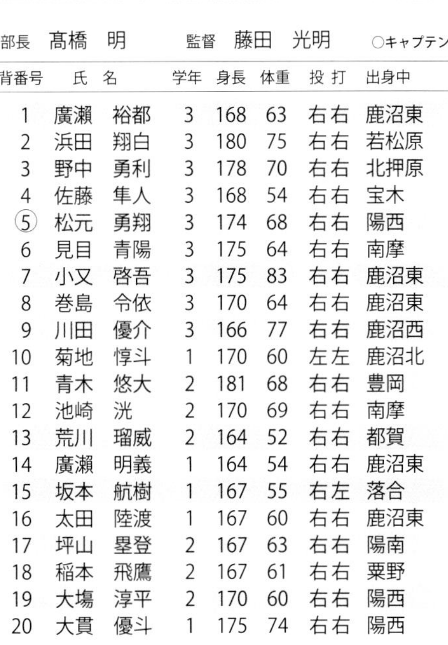

部長 髙橋 明　監督 藤田 光明　○キャプテン

| 背番号 | 氏名 | 学年 | 身長 | 体重 | 投打 | 出身中 |
|---|---|---|---|---|---|---|
| 1 | 廣瀬 裕都 | 3 | 168 | 63 | 右右 | 鹿沼東 |
| 2 | 浜田 翔白 | 3 | 180 | 75 | 右右 | 若松原 |
| 3 | 野中 勇利 | 3 | 178 | 70 | 右右 | 北押原 |
| 4 | 佐藤 隼人 | 3 | 168 | 54 | 右右 | 宝木 |
| ⑤ | 松元 勇翔 | 3 | 174 | 68 | 右右 | 陽西 |
| 6 | 見目 青陽 | 3 | 175 | 64 | 右右 | 南摩 |
| 7 | 小又 啓吾 | 3 | 175 | 83 | 右右 | 鹿沼東 |
| 8 | 巻島 令依 | 3 | 170 | 64 | 右右 | 鹿沼東 |
| 9 | 川田 優介 | 3 | 166 | 77 | 右右 | 鹿沼西 |
| 10 | 菊地 惇斗 | 1 | 170 | 60 | 左左 | 鹿沼北 |
| 11 | 青木 悠大 | 2 | 181 | 68 | 右右 | 豊岡 |
| 12 | 池崎 洸 | 2 | 170 | 69 | 右右 | 南摩 |
| 13 | 荒川 瑠威 | 2 | 164 | 52 | 右右 | 都賀 |
| 14 | 廣瀬 明義 | 1 | 164 | 54 | 右右 | 鹿沼東 |
| 15 | 坂本 航樹 | 1 | 167 | 55 | 右左 | 落合 |
| 16 | 太田 陸渡 | 1 | 167 | 60 | 右右 | 鹿沼東 |
| 17 | 坪山 塁登 | 2 | 167 | 63 | 右右 | 陽南 |
| 18 | 稲本 飛鷹 | 2 | 167 | 61 | 右右 | 粟野 |
| 19 | 大場 淳平 | 2 | 170 | 60 | 右右 | 陽西 |
| 20 | 大貫 優斗 | 1 | 175 | 74 | 右右 | 陽西 |

部長 田中　祥平　　監督 黒須　裕太　　○キャプテン

| 背番号 | 氏名 | 学年 | 身長 | 体重 | 投打 | 出身中 |
|---|---|---|---|---|---|---|
| 1 | 石川　浩太朗 | 2 | 163 | 51 | 右右 | 城山 |
| 2 | 森藤　昇陽 | 3 | 164 | 87 | 右左 | 旭 |
| 3 | 石川　太陽 | 3 | 173 | 62 | 右右 | 鹿沼東 |
| 4 | 小野口　大地 | 3 | 154 | 51 | 右右 | 鹿沼西 |
| 5 | 豊田　拓生 | 3 | 168 | 80 | 右右 | 鹿沼東 |
| ⑥ | 宮部　宏伸 | 3 | 169 | 56 | 右右 | 宝木 |
| 7 | 小倉　廉太郎 | 3 | 167 | 54 | 右左 | 城山 |
| 8 | 石川　善太郎 | 2 | 178 | 57 | 右右 | 北犬飼 |
| 9 | 田邉　直也 | 3 | 160 | 54 | 右右 | 南摩 |
| 10 | 大出　真暉 | 3 | 162 | 68 | 右左 | 鹿沼東 |
| 11 | 大森　礼人 | 2 | 168 | 87 | 右右 | 鹿沼東 |
| 12 | 神山　陽翔 | 2 | 182 | 105 | 右右 | 落合 |
| 13 | 中田　向洋 | 2 | 184 | 63 | 右右 | 南押原 |
| 14 | 齋藤　澄人 | 1 | 178 | 87 | 右右 | 鹿沼北 |
| 15 | 石岡　悠雅 | 1 | 170 | 63 | 右右 | 北犬飼 |
| 16 | 谷　龍之介 | 1 | 161 | 62 | 右右 | 城山 |

鹿沼南

# KANUMA MINAMI

鹿沼南

部長 大橋　巧　　監督 柴田　清光　　○キャプテン

| 背番号 | 氏名 | 学年 | 身長 | 体重 | 投打 | 出身中 |
|---|---|---|---|---|---|---|
| 1 | 高木　廉平 | 3 | 184 | 72 | 右右 | 東原 |
| 2 | 沼尾　真大 | 3 | 173 | 69 | 右右 | 藤原 |
| 3 | 鈴木　快成 | 2 | 179 | 65 | 右右 | 豊岡 |
| 4 | 鷹箸　璃久 | 3 | 162 | 51 | 右左 | 鹿沼西 |
| ⑤ | 篠崎　広翔 | 3 | 175 | 72 | 右右 | 粟野 |
| 6 | 小平　真大 | 3 | 164 | 58 | 右右 | 今市 |
| 7 | 増渕　世央 | 3 | 173 | 58 | 右右 | 北犬飼 |
| 8 | 柳田　晃汰 | 2 | 181 | 72 | 右右 | 落合 |
| 9 | 本田　結都 | 2 | 168 | 56 | 右右 | 今市 |
| 10 | 湯澤　俊太 | 2 | 173 | 61 | 右左 | 加蘇 |
| 11 | 福田　勇己 | 2 | 170 | 62 | 右右 | 東原 |
| 12 | 石川　楓太 | 2 | 179 | 80 | 右右 | 豊岡 |
| 13 | 増田　峻太郎 | 2 | 175 | 68 | 右右 | 鹿沼東 |
| 14 | 斎藤　祐 | 2 | 167 | 59 | 右左 | 南摩 |
| 15 | 小澤　泰晴 | 1 | 170 | 76 | 右右 | 日光東 |
| 16 | 野中　大暉 | 1 | 172 | 58 | 右左 | 北押原 |
| 17 | 木村　柊哉 | 1 | 172 | 67 | 右右 | 豊岡 |
| 18 | 竹澤　暖 | 1 | 172 | 85 | 右右 | 今市 |
| 19 | 高山　涼太 | 1 | 160 | 55 | 右右 | 豊岡 |

今市

# IMAICHI

今　市

部長 荒井　俊樹　　監督 大島　拓也　　○キャプテン

| 背番号 | 氏名 | 学年 | 身長 | 体重 | 投打 | 出身中 |
|---|---|---|---|---|---|---|
| 1 | 斎藤　悠真 | 3 | 162 | 52 | 左左 | 今市 |
| 2 | 菊地　大聖 | 3 | 167 | 62 | 右右 | 鹿沼北 |
| ③ | 水沼　陽哉 | 3 | 168 | 53 | 左左 | 若松原 |
| 4 | 北尾　寛太 | 2 | 163 | 69 | 右左 | 東原 |
| 5 | 速水　光 | 2 | 170 | 52 | 右右 | 日光東 |
| 6 | 矢嶋　大空 | 3 | 170 | 60 | 右右 | 板荷 |
| 7 | 徳原　悠馬 | 3 | 172 | 63 | 右右 | 鹿沼北 |
| 8 | 高橋　玄 | 3 | 171 | 63 | 右右 | 東原 |
| 9 | 根本　尚弥 | 3 | 172 | 60 | 左左 | 豊岡 |
| 10 | 小林　悠河 | 2 | 170 | 70 | 左左 | 今市 |
| 11 | 齋藤　吉朗 | 2 | 170 | 69 | 右右 | 日光東 |
| 12 | 山本　耀太 | 2 | 172 | 75 | 右右 | 日光東 |
| 13 | 池田　光希 | 2 | 165 | 53 | 右右 | 豊岡 |
| 14 | 青木　喬大朗 | 2 | 162 | 68 | 右右 | 加蘇 |
| 15 | 上澤　啓汰 | 1 | 141 | 35 | 右右 | 陽西 |
| 16 | 君島　楓玲 | 1 | 155 | 49 | 右右 | 陽西 |
| 17 | 阿部　匠真 | 1 | 163 | 62 | 右右 | 陽西 |
| 18 | 齋藤　魁英 | 1 | 168 | 55 | 右右 | 豊岡 |
| 19 | 木村　慶亮 | 1 | 165 | 53 | 右左 | 大沢 |

今工

# IMAICHI KOGYO

今市工業

部長 石田 達也　監督 伊東 賢治　○キャプテン

| 背番号 | 氏名 | 学年 | 身長 | 体重 | 投打 | 出身中 |
|---|---|---|---|---|---|---|
| 1 | 川崎 湧生 | 3 | 167 | 60 | 右右 | 雀宮 |
| 2 | 大塚 洸輝 | 2 | 162 | 68 | 右右 | 雀宮 |
| 3 | 中村 純大 | 3 | 177 | 81 | 左左 | 石橋 |
| 4 | 野崎 悠斗 | 3 | 165 | 55 | 右右 | 雀宮 |
| 5 | 相馬 佑哉 | 2 | 163 | 56 | 右右 | 城南 |
| ⑥ | 手呂内 元喜 | 3 | 172 | 68 | 右左 | 石橋 |
| 7 | 髙橋 翔 | 3 | 168 | 70 | 右右 | 上三川 |
| 8 | 海老原 嵩流 | 3 | 179 | 65 | 右右 | 陽南 |
| 9 | 神 翔貴 | 2 | 180 | 67 | 右右 | 本郷 |
| 10 | 大島 叶夢 | 2 | 175 | 65 | 右右 | 南河内 |
| 11 | 佐藤 悠太郎 | 2 | 176 | 66 | 右右 | 本郷 |
| 12 | 髙木 蓮 | 2 | 173 | 66 | 右右 | 明治 |
| 13 | 川津 佑朔 | 2 | 173 | 74 | 右右 | 石橋 |
| 14 | 長谷川 将吾 | 2 | 172 | 56 | 左左 | 雀宮 |
| 15 | 高田 啓斗 | 2 | 167 | 55 | 右右 | 小山 |
| 16 | 松下 祥太 | 1 | 172 | 50 | 右右 | 南河内 |
| 17 | 辰澤 裕太 | 1 | 174 | 57 | 右右 | 大谷 |
| 18 | 髙橋 蓮音 | 1 | 163 | 55 | 右右 | 雀宮 |
| 19 | 保坂 蓮 | 1 | 162 | 60 | 右右 | 石橋 |
| 20 | 横塚 翔 | 1 | 161 | 50 | 右右 | 大谷 |

上三川

# KAMINOKAWA

## 上三川

部長 岸 明　監督 髙山 啓　○キャプテン

| 背番号 | 氏名 | 学年 | 身長 | 体重 | 投打 | 出身中 |
|---|---|---|---|---|---|---|
| ① | 秋沢 尚平 | 3 | 166 | 60 | 右右 | 壬生 |
| 2 | 上田 若弥 | 3 | 173 | 70 | 右右 | 南犬飼 |
| 3 | 早乙女 立 | 2 | 174 | 79 | 右左 | 藤岡一 |
| 4 | 石川 力輝 | 1 | 173 | 61 | 右右 | 藤岡一 |
| 5 | 諸橋 巧翔 | 3 | 161 | 48 | 右左 | 南犬飼 |
| 6 | 毛塚 悠人 | 2 | 173 | 69 | 右右 | 藤岡一 |
| 7 | 黒子 翔大 | 3 | 173 | 57 | 右右 | 壬生 |
| 8 | 成尾 康之助 | 3 | 170 | 63 | 右右 | 陽南 |
| 9 | 金子 颯汰 | 3 | 177 | 61 | 右左 | 壬生 |
| 10 | 久米 碧波 | 1 | 169 | 58 | 右左 | 藤岡一 |

壬生

# MIBU

## 壬　生

部長 窪田 大輝　監督 小山 隆司　○キャプテン

| 背番号 | 氏名 | 学年 | 身長 | 体重 | 投打 | 出身中 |
|---|---|---|---|---|---|---|
| 1 | 小林 太陽 | 3 | 176 | 66 | 右右 | 芳賀 |
| 2 | 栁田 奈央人 | 3 | 183 | 73 | 右左 | 中村 |
| 3 | 角川 智輝 | 2 | 171 | 70 | 右左 | 七井 |
| 4 | 金澤 優斗 | 3 | 165 | 55 | 右右 | 真岡 |
| 5 | 小堀 凌河 | 2 | 172 | 59 | 右右 | 真岡 |
| 6 | 吉倉 右京 | 2 | 162 | 50 | 右左 | 中村 |
| ⑦ | 江面 奏汰 | 3 | 165 | 60 | 右右 | 上三川 |
| 8 | 山根 凜之助 | 2 | 172 | 59 | 右左 | 瑞穂野 |
| 9 | 岡部 大翔 | 3 | 173 | 66 | 右右 | 若松原 |
| 10 | 髙橋 昂太郎 | 2 | 172 | 77 | 右右 | 益子 |
| 11 | 菅又 裕大 | 2 | 175 | 67 | 右右 | 益子 |
| 12 | 菊地 修斗 | 3 | 166 | 65 | 右左 | 物部 |
| 13 | 中島 知樹 | 3 | 171 | 65 | 右左 | 真岡東 |
| 14 | 藤田 陽人 | 2 | 175 | 63 | 右右 | 物部 |
| 15 | 井澤 直之 | 2 | 162 | 59 | 右右 | 瑞穂野 |
| 16 | 豊田 昇太朗 | 2 | 176 | 65 | 右左 | 市貝 |
| 17 | 二橋 純 | 3 | 169 | 65 | 右右 | 真岡東 |
| 18 | 田原 宗太 | 2 | 165 | 60 | 右左 | 益子 |
| 19 | 鶴見 笙 | 2 | 176 | 68 | 右右 | 本郷 |
| 20 | 阿部 竣介 | 2 | 167 | 63 | 右右 | 瑞穂野 |

真岡

# MOHKA

## 真　岡

## 真工

# MOHKA KOGYO

## 真岡工業

部長　大平　哲也　　監督　小野　幸宏　　○キャプテン

| 背番号 | 氏名 | 学年 | 身長 | 体重 | 投打 | 出身中 |
|---|---|---|---|---|---|---|
| 1 | 黒﨑　瑛道 | 3 | 180 | 75 | 右右 | 山前 |
| 2 | 大根田　良希 | 3 | 178 | 72 | 右右 | 芳賀 |
| 3 | 山内　翔太 | 3 | 170 | 80 | 右右 | 芳賀 |
| 4 | 永森　大雅 | 3 | 167 | 65 | 右左 | 宮の原 |
| 5 | 松本　悠作 | 2 | 174 | 70 | 右右 | 本郷 |
| 6 | 手塚　貴喜 | 3 | 176 | 69 | 右右 | 大内 |
| 7 | 鶴見　賢弥 | 2 | 173 | 75 | 左左 | 久下田 |
| ⑧ | 手塚　聖 | 3 | 169 | 70 | 右左 | 阿久津 |
| 9 | 磯貝　大空 | 3 | 180 | 77 | 右左 | 真岡 |
| 10 | 日向野　歩夢 | 3` | 160 | 62 | 左左 | 益子 |
| 11 | 篠﨑　悠雅 | 3 | 173 | 69 | 右右 | 中村 |
| 12 | 井上　直人 | 2 | 165 | 65 | 右右 | 明治 |
| 13 | 遠藤　大 | 2 | 172 | 68 | 右左 | 田野 |
| 14 | 大塚　隆聖 | 2 | 168 | 61 | 右右 | 上三川 |
| 15 | 蓬田　大輝 | 3 | 170 | 65 | 右右 | 明治 |
| 16 | 黒﨑　雅大 | 3 | 165 | 59 | 右右 | 芳賀 |
| 17 | 青木　愛夢 | 3 | 172 | 68 | 右右 | 山前 |
| 18 | 古田土　佳大 | 2 | 166 | 62 | 右右 | 市貝 |
| 19 | 髙野　翔吾 | 3 | 171 | 62 | 右右 | 真岡東 |
| 20 | 山口　智之 | 3 | 170 | 74 | 右右 | 上三川 |

## 真岡北陵

# MOHKA HOKURYO

## 真岡北陵

部長　稲葉　郁人　　監督　平山　典紀　　○キャプテン

| 背番号 | 氏名 | 学年 | 身長 | 体重 | 投打 | 出身中 |
|---|---|---|---|---|---|---|
| 1 | 高橋　優貴 | 3 | 164 | 67 | 右右 | 山前 |
| 2 | 上野　純矢 | 2 | 174 | 84 | 右左 | 真岡 |
| 3 | 國安　碧 | 2 | 173 | 87 | 右左 | 真岡 |
| 4 | 檜山　伊吹 | 2 | 172 | 60 | 右右 | 清原 |
| 5 | 黒木　琉来 | 1 | 170 | 52 | 右右 | 真岡 |
| 6 | 鈴木　康生 | 2 | 165 | 56 | 右右 | 鬼怒 |
| 7 | 伊藤　瑠海 | 2 | 165 | 50 | 左左 | 中村 |
| ⑧ | 二瓶　豪 | 3 | 160 | 54 | 右右 | 久下田 |
| 9 | 石川　宏樹 | 3 | 160 | 53 | 右左 | 山前 |
| 10 | 榎本　龍成 | 2 | 174 | 56 | 右右 | 瑞穂野 |
| 11 | 橋本　健太 | 2 | 166 | 58 | 右左 | 大内 |
| 12 | 平松　映峻 | 2 | 170 | 60 | 右右 | 清原 |
| 13 | 西野　煌晟 | 1 | 171 | 63 | 右右 | 清原 |
| 14 | 押田　新大 | 1 | 176 | 68 | 左左 | 長沼 |
| 15 | 田村　真也 | 1 | 176 | 63 | 右右 | 本郷 |

## 茂木

# MOTEGI

## 茂　木

部長　藤田　祐亮　　監督　佐山　浩行　　○キャプテン

| 背番号 | 氏名 | 学年 | 身長 | 体重 | 投打 | 出身中 |
|---|---|---|---|---|---|---|
| 1 | 檜山　匠海 | 2 | 177 | 68 | 左左 | 茂木 |
| 2 | 岡本　侑也 | 3 | 168 | 65 | 右左 | 茂木 |
| 3 | 水沼　将吾 | 2 | 176 | 90 | 右右 | 芳賀 |
| 4 | 岩渕　楓太 | 2 | 172 | 66 | 右右 | 田野 |
| 5 | 山口　将竜 | 2 | 175 | 63 | 右右 | 茂木 |
| ⑥ | 小森　彗輝 | 3 | 179 | 64 | 右右 | 茂木 |
| 7 | 小口　明浩 | 3 | 175 | 70 | 左左 | 茂木 |
| 8 | 糸井　太陽 | 3 | 165 | 63 | 右左 | 茂木 |
| 9 | 加藤　宇 | 3 | 175 | 69 | 右右 | 真岡東 |
| 10 | 武井　悠太朗 | 3 | 167 | 64 | 右右 | 芳賀 |
| 11 | 山﨑　大志 | 2 | 175 | 72 | 右右 | 山前 |
| 12 | 岩村　陸 | 2 | 165 | 52 | 右右 | 益子 |
| 13 | 宮崎　悠雅 | 2 | 165 | 67 | 右右 | 七井 |
| 14 | 井澤　翔太 | 2 | 172 | 55 | 右右 | 真岡 |
| 15 | 仁平　連大 | 2 | 172 | 66 | 右右 | 七井 |
| 16 | 小宅　航太 | 2 | 167 | 55 | 左左 | 中村 |
| 17 | 永岡　海音 | 1 | 167 | 58 | 右右 | 山前 |
| 18 | 水田　柊 | 1 | 176 | 72 | 左左 | 益子 |
| 19 | 仁平　直斗 | 1 | 183 | 85 | 右右 | 真岡東 |
| 20 | 久保田　魁 | 1 | 170 | 68 | 右左 | 田野 |

小山

# OYAMA

## 小　山

部長　市場　達也　　監督　斎藤　崇　　○キャプテン

| 背番号 | 氏　名 | 学年 | 身長 | 体重 | 投 打 | 出身中 |
|---|---|---|---|---|---|---|
| ① | 谷島　大介 | 3 | 180 | 67 | 右右 | 栃木東陽 |
| 2 | 栗山　啓汰 | 3 | 173 | 67 | 右右 | 国分寺 |
| 3 | 山口　航汰 | 3 | 164 | 67 | 右右 | 小山三 |
| 4 | 伊澤　聖 | 3 | 173 | 68 | 右右 | 国分寺 |
| 5 | 野口　大翔 | 2 | 162 | 53 | 右右 | 南河内 |
| 6 | 福田　昂生 | 3 | 178 | 71 | 右右 | 桑 |
| 7 | 高橋　寛佑 | 3 | 170 | 67 | 右右 | 国分寺 |
| 8 | 中山　涼雅 | 3 | 168 | 61 | 右左 | 野木二 |
| 9 | 石塚　翼 | 3 | 175 | 73 | 右左 | 大平南 |
| 10 | 大澤　奏次郎 | 2 | 164 | 59 | 左左 | 栃木東陽 |
| 11 | 和泉　帆高 | 3 | 167 | 58 | 右右 | 南河内 |
| 12 | 田口　幹葵 | 2 | 169 | 67 | 右右 | 西方 |
| 13 | 今泉　翔太 | 3 | 176 | 76 | 右右 | 美田 |
| 14 | 海老沼　遥 | 2 | 164 | 62 | 右右 | 大平南 |
| 15 | 山田　陽翔 | 1 | 173 | 66 | 右右 | 小山二 |
| 16 | 関口　心汰 | 2 | 167 | 59 | 右右 | 小山二 |
| 17 | 丸山　蓮生 | 3 | 170 | 65 | 右右 | 小山二 |
| 18 | 田原　玲 | 2 | 174 | 64 | 右左 | 栃木東 |
| 19 | 佐藤　しずく | 2 | 170 | 66 | 右左 | 城南 |
| 20 | 山﨑　聡久 | 1 | 175 | 90 | 右右 | 小山三 |

小山南

# OYAMA MINAMI

## 小山南

部長　渡辺　慎也　　監督　野口　巧　　○キャプテン

| 背番号 | 氏　名 | 学年 | 身長 | 体重 | 投 打 | 出身中 |
|---|---|---|---|---|---|---|
| 1 | 松下　大樹 | 3 | 163 | 67 | 左右 | 間々田 |
| 2 | 水島　郷太 | 3 | 184 | 78 | 右右 | 小山三 |
| 3 | 新澤　宏亮 | 3 | 172 | 72 | 右右 | 結城(茨城) |
| 4 | 水上　晃 | 3 | 167 | 55 | 右右 | 城南 |
| 5 | 岡田　翔吾 | 3 | 178 | 63 | 右右 | 石橋 |
| 6 | 田波　勇人 | 3 | 166 | 58 | 右左 | 美田 |
| 7 | 高瀬　蒼良 | 3 | 178 | 78 | 右右 | 小山二 |
| ⑧ | 金子　大 | 3 | 169 | 68 | 右右 | 栃木東陽 |
| 9 | 北條　恋 | 2 | 173 | 65 | 左左 | 結城東(茨城) |
| 10 | 川田　裕真 | 3 | 174 | 69 | 左左 | 大平 |
| 11 | 野沢　悠叶 | 3 | 178 | 67 | 右右 | 結城(茨城) |
| 12 | 松本　輝 | 3 | 163 | 63 | 右右 | 結城南(茨城) |
| 13 | 鹿野　圭汰 | 3 | 170 | 70 | 右左 | 間々田 |
| 14 | 青柳　温大 | 3 | 166 | 68 | 右右 | 大谷 |
| 15 | 篠原　豪心 | 2 | 169 | 69 | 左左 | 国分寺 |
| 16 | 森田　琉輝星 | 2 | 183 | 65 | 右右 | 小山三 |
| 17 | 岩田　岳斗 | 2 | 168 | 63 | 左左 | 大谷 |
| 18 | 大森　響輝 | 2 | 173 | 73 | 右右 | 野木 |
| 19 | 須藤　晃成 | 1 | 173 | 66 | 右右 | 間々田 |
| 20 | 岡田　由哉 | 1 | 167 | 55 | 右左 | 石橋 |

小山西

# OYAMA NISHI

## 小山西高等学校

部長　菊地　詢　　監督　琴寄　元樹　　○キャプテン

| 背番号 | 氏　名 | 学年 | 身長 | 体重 | 投 打 | 出身中 |
|---|---|---|---|---|---|---|
| 1 | 山中　太陽 | 3 | 173 | 70 | 左左 | 美田 |
| 2 | 栗原　悠 | 2 | 166 | 72 | 右左 | 小山 |
| 3 | 松島　永遠 | 2 | 170 | 73 | 右左 | 小山 |
| 4 | 生井　健士龍 | 1 | 160 | 59 | 右右 | 豊田 |
| 5 | 須藤　真央 | 3 | 170 | 70 | 右右 | 壬生 |
| 6 | 七原　蓮 | 2 | 171 | 64 | 右右 | 小山第三 |
| ⑦ | 中田　康太 | 3 | 175 | 74 | 右右 | 寺尾 |
| 8 | 漆原　遼 | 2 | 176 | 72 | 右右 | 間々田 |
| 9 | 菊池　修蔵 | 2 | 171 | 76 | 右右 | 栃木南 |
| 10 | 猪瀬　優樹 | 2 | 182 | 92 | 右右 | 美田 |
| 11 | 北山　航 | 1 | 175 | 70 | 右右 | 小山第三 |
| 12 | 俵谷　遙一 | 1 | 173 | 77 | 右右 | 小山第三 |
| 13 | 大貫　隆弘 | 2 | 173 | 64 | 右左 | 東陽 |
| 14 | 田村　比呂斗 | 1 | 173 | 60 | 右右 | 間々田 |
| 15 | 篠﨑　裕至 | 2 | 170 | 63 | 右右 | 小山第二 |
| 16 | 久我　凌太 | 1 | 162 | 53 | 右右 | 大谷 |
| 17 | 三浦　隼矢 | 2 | 163 | 57 | 右右 | 小山 |
| 18 | 月井　涼太 | 1 | 170 | 60 | 右右 | 東陽 |
| 19 | 山口　直英 | 1 | 170 | 59 | 右右 | 小山第三 |
| 20 | 佐藤　智也 | 3 | 171 | 68 | 右右 | 間々田 |

# 小山北桜

## OYAMA HOKUO

小山北桜

部長 植野 泰廣　監督 橋本 昌英　○キャプテン

| 背番号 | 氏名 | 学年 | 身長 | 体重 | 投打 | 出身中 |
|---|---|---|---|---|---|---|
| 1 | 鶴見 青空 | 3 | 172 | 65 | 左左 | 上三川 |
| 2 | 武田 真羽 | 3 | 171 | 63 | 右右 | 上三川 |
| 3 | 岩田 征弥 | 1 | 173 | 64 | 右右 | 若松原 |
| 4 | 小原 大季 | 2 | 166 | 63 | 右右 | 国分寺 |
| ⑤ | 松島 大斗 | 3 | 164 | 76 | 右左 | 小山・第三 |
| 6 | 野澤 秀一朗 | 3 | 172 | 64 | 右右 | 陽西 |
| 7 | 渋井 雅貴 | 3 | 168 | 63 | 右右 | 小山・第三 |
| 8 | 小山 義人 | 3 | 167 | 63 | 左左 | 雀宮 |
| 9 | 宮口 エンゾ | 3 | 188 | 84 | 右右 | 小山・第三 |
| 10 | 海老原 治空 | 1 | 162 | 60 | 右右 | 桑 |
| 11 | 内藤 大和 | 2 | 167 | 61 | 右左 | 桑 |

# 小山高専

## OYAMA KOHSEN

小山高専

部長 那須 裕規　監督 鶴見 侑樹　○キャプテン

| 背番号 | 氏名 | 学年 | 身長 | 体重 | 投打 | 出身中 |
|---|---|---|---|---|---|---|
| 1 | 神宮 暁 | 3 | 173 | 68 | 右右 | 山口(埼玉) |
| 2 | 室越 賢汰 | 3 | 166 | 65 | 右右 | 黒羽 |
| 3 | 加藤 諒 | 3 | 170 | 67 | 右左 | 広島(埼玉) |
| 4 | 品川 篤志 | 3 | 173 | 58 | 右左 | 清原 |
| 5 | 廣澤 拓人 | 2 | 166 | 68 | 右右 | 小山 |
| 6 | 杉渕 海斗 | 3 | 167 | 65 | 右左 | 野木第二 |
| 7 | 髙橋 空 | 3 | 175 | 75 | 右右 | 上三川 |
| ⑧ | 柳本 裕成 | 3 | 175 | 83 | 右右 | 泉が丘 |
| 9 | 谷中 柊太 | 2 | 180 | 75 | 右右 | 南犬飼 |
| 10 | 髙橋 昴 | 1 | 176 | 65 | 右右 | 上三川 |
| 11 | 石川 将 | 1 | 177 | 65 | 右右 | 茂木 |
| 12 | 加藤 亮介 | 2 | 162 | 56 | 右右 | 古河第一 |
| 13 | 佐山 大珠 | 1 | 165 | 68 | 右左 | 東陽 |
| 14 | 大塚 広翔 | 1 | 172 | 65 | 右右 | 横川 |
| 15 | 福田 朗大 | 1 | 175 | 54 | 右左 | 泉が丘 |
| 16 | 篠原 孝弥 | 1 | 172 | 75 | 右右 | 桑 |
| 17 | 藤澤 颯介 | 1 | 182 | 70 | 右右 | 旭 |
| 18 | 三縄 大翔 | 2 | 168 | 62 | 右右 | 栄進(埼玉) |
| 19 | 吉田 翔 | 2 | 177 | 95 | 右右 | 旭 |
| 20 | 井上 直樹 | 1 | 164 | 48 | 右右 | 大宮北(埼玉) |

# 栃木

## TOCHIGI

栃　木

部長 阿部 友樹　監督 小林 真人　○キャプテン

| 背番号 | 氏名 | 学年 | 身長 | 体重 | 投打 | 出身中 |
|---|---|---|---|---|---|---|
| 1 | 新島 有哉 | 3 | 180 | 76 | 右右 | 佐野南 |
| 2 | 小林 魁音 | 3 | 164 | 68 | 右右 | 寺尾 |
| 3 | 岩崎 拓真 | 3 | 179 | 75 | 右右 | 吹上 |
| 4 | 椎名 康陽 | 3 | 175 | 68 | 右左 | 城南 |
| 5 | 吉川 福馬 | 2 | 166 | 68 | 右左 | 田沼西 |
| 6 | 五十嵐 瑞斗 | 3 | 172 | 67 | 右右 | 小山二 |
| 7 | 金子 悠斗 | 2 | 173 | 72 | 右右 | 大平南 |
| 8 | 坂田 康太郎 | 3 | 171 | 61 | 右右 | 皆川 |
| ⑨ | 碓氷 浩輝 | 3 | 170 | 62 | 右左 | 南犬飼 |
| 10 | 町田 盛哉 | 3 | 164 | 68 | 右右 | 都賀 |
| 11 | 長野 悠水 | 2 | 168 | 74 | 右右 | 都賀 |
| 12 | 藤田 哲矢 | 2 | 170 | 60 | 右右 | 小山 |
| 13 | 吉田 侑 | 2 | 165 | 60 | 右右 | 南河内二 |
| 14 | 加藤 智也 | 3 | 172 | 66 | 右右 | 城南 |
| 15 | 篠崎 佑介 | 3 | 165 | 68 | 右右 | 岩舟 |
| 16 | 柏﨑 翔汰 | 3 | 176 | 65 | 右右 | 国分寺 |
| 17 | 須藤 剛生 | 3 | 168 | 68 | 右右 | 作新学院 |
| 18 | 松嶋 倫太朗 | 3 | 165 | 68 | 右右 | 城南 |
| 19 | 渡辺 壮太 | 2 | 170 | 68 | 右右 | 豊岡 |
| 20 | 髙梨 薫 | 2 | 169 | 60 | 右右 | 南河内 |

部長　鶴見　佳啓　監督　青山　一也　○キャプテン

| 背番号 | 氏名 | 学年 | 身長 | 体重 | 投打 | 出身中 |
|---|---|---|---|---|---|---|
| 1 | 星野　匡輝 | 3 | 169 | 59 | 右左 | 都賀 |
| 2 | 鈴木　基夢 | 3 | 169 | 71 | 右右 | 壬生 |
| 3 | 戸﨑　健斗 | 3 | 168 | 90 | 右右 | 壬生 |
| ④ | 増山　朋樹 | 3 | 161 | 60 | 右右 | 大平 |
| 5 | 横塚　健秀 | 2 | 168 | 56 | 右右 | 豊田 |
| 6 | 塚原　夢心 | 3 | 164 | 60 | 右右 | 大平南 |
| 7 | 岩本　京太 | 3 | 157 | 57 | 右右 | 寺尾 |
| 8 | 福田　将汰 | 3 | 164 | 77 | 右右 | 豊田 |
| 9 | 中村　柊瑛 | 3 | 164 | 70 | 右右 | 美田 |
| 10 | 船田　大翔 | 2 | 173 | 60 | 右右 | 藤岡一 |
| 11 | 森戸　大貴 | 2 | 167 | 61 | 左左 | 栃木西 |
| 12 | 鯉沼　優人 | 2 | 176 | 73 | 右右 | 岩舟 |
| 13 | 小林　我空 | 2 | 171 | 78 | 右左 | 栃木西 |
| 14 | 小林　信斗 | 2 | 173 | 62 | 右右 | 大平南 |
| 15 | 戸邉　聖也 | 2 | 163 | 60 | 右右 | 藤岡一 |
| 16 | 上岡　大輝 | 2 | 168 | 59 | 右右 | 藤岡一 |
| 17 | 菊池　桃馬 | 2 | 173 | 68 | 右右 | 藤岡一 |
| 18 | 小林　諒太 | 2 | 173 | 62 | 左左 | 藤岡一 |
| 19 | 福田　拓大 | 2 | 173 | 64 | 左左 | 栃木南 |
| 20 | バスネットスエス | 1 | 177 | 89 | 右右 | 大平南 |

栃農

TOCHIGI NOGYO

栃木農業

部長　藤掛　由樹　監督　大山　正人　○キャプテン

| 背番号 | 氏名 | 学年 | 身長 | 体重 | 投打 | 出身中 |
|---|---|---|---|---|---|---|
| ① | 長瀬　和志 | 3 | 169 | 77 | 右右 | 大平 |
| 2 | 新村　陽大 | 3 | 172 | 70 | 右右 | 城南 |
| 3 | 清水　慎之介 | 3 | 175 | 65 | 右右 | 大平南 |
| 4 | 成瀬　諒 | 2 | 176 | 68 | 右右 | 栃木東 |
| 5 | 山口　陽平 | 2 | 186 | 70 | 右左 | 小山 |
| 6 | 此元　聖 | 2 | 176 | 74 | 右右 | 栃木東 |
| 7 | 石山　温人 | 3 | 171 | 60 | 右左 | 大平 |
| 8 | 板橋　壱晟 | 2 | 178 | 70 | 右右 | 藤岡二 |
| 9 | 保足　颯人 | 3 | 175 | 63 | 右左 | 大平 |
| 10 | 森　亮介 | 3 | 176 | 60 | 右右 | 岩舟 |
| 11 | 井﨑　玲央 | 3 | 174 | 75 | 右左 | 大平南 |
| 12 | 石月　颯一郎 | 2 | 166 | 74 | 右左 | 藤岡一 |
| 13 | 石塚　聖人 | 2 | 160 | 45 | 左左 | 西方 |
| 14 | 小林　帆央 | 2 | 169 | 60 | 右両 | 栃木東 |
| 15 | 舘野　政哉 | 2 | 169 | 72 | 右右 | 都賀 |
| 16 | 横田　陽輝 | 1 | 164 | 58 | 右右 | 南押原 |
| 17 | 鈴木　惇平 | 2 | 171 | 65 | 右右 | 西方 |
| 18 | 横倉　亮 | 1 | 167 | 55 | 右右 | 栃木東陽 |
| 19 | 蓼沼　綾佑 | 1 | 162 | 55 | 右右 | 栃木東陽 |
| 20 | 飯島　昂毅 | 2 | 175 | 66 | 左左 | 都賀 |

栃商

TOCHIGI SHOGYO

栃木商業

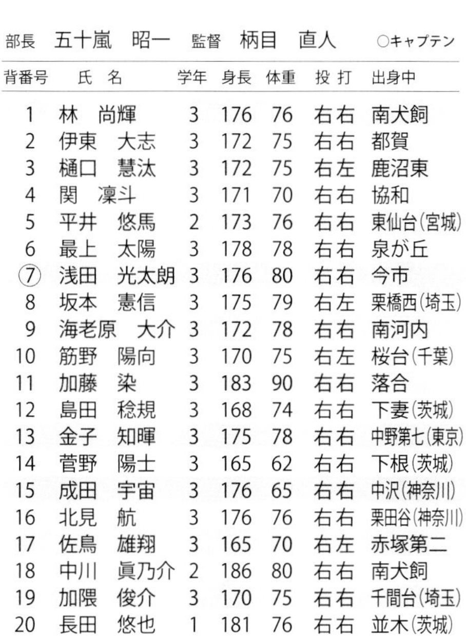

部長　五十嵐　昭一　監督　柄目　直人　○キャプテン

| 背番号 | 氏名 | 学年 | 身長 | 体重 | 投打 | 出身中 |
|---|---|---|---|---|---|---|
| 1 | 林　尚輝 | 3 | 176 | 76 | 右右 | 南犬飼 |
| 2 | 伊東　大志 | 3 | 172 | 75 | 右右 | 都賀 |
| 3 | 樋口　慧汰 | 3 | 172 | 75 | 右左 | 鹿沼東 |
| 4 | 関　凜斗 | 3 | 171 | 70 | 右右 | 協和 |
| 5 | 平井　悠馬 | 2 | 173 | 76 | 右右 | 東仙台(宮城) |
| 6 | 最上　太陽 | 3 | 178 | 78 | 右右 | 泉が丘 |
| ⑦ | 浅田　光太朗 | 3 | 176 | 80 | 右右 | 今市 |
| 8 | 坂本　憲信 | 3 | 175 | 79 | 右左 | 栗橋西(埼玉) |
| 9 | 海老原　大介 | 3 | 172 | 78 | 右右 | 南河内 |
| 10 | 筋野　陽向 | 3 | 170 | 75 | 右左 | 桜台(千葉) |
| 11 | 加藤　染 | 3 | 183 | 90 | 右右 | 落合 |
| 12 | 島田　稔規 | 3 | 168 | 74 | 右右 | 下妻(茨城) |
| 13 | 金子　知暉 | 3 | 175 | 78 | 右右 | 中野第七(東京) |
| 14 | 菅野　陽士 | 3 | 165 | 62 | 右右 | 下根(茨城) |
| 15 | 成田　宇宙 | 3 | 176 | 65 | 右右 | 中沢(神奈川) |
| 16 | 北見　航 | 3 | 176 | 76 | 右右 | 栗田谷(神奈川) |
| 17 | 佐鳥　雄翔 | 3 | 165 | 70 | 右左 | 赤塚第二 |
| 18 | 中川　眞乃介 | 2 | 186 | 80 | 右右 | 南犬飼 |
| 19 | 加隈　俊介 | 3 | 170 | 75 | 右右 | 千間台(埼玉) |
| 20 | 長田　悠也 | 1 | 181 | 76 | 右右 | 並木(茨城) |

国学栃木

KOKUGAKUIN TOCHIGI

国学院栃木

部長 赤岩 洋　監督 日向野 久男　○キャプテン

| 背番号 | 氏名 | 学年 | 身長 | 体重 | 投打 | 出身中 |
|---|---|---|---|---|---|---|
| 1 | 石川 晃誠 | 3 | 182 | 80 | 右右 | 大平 |
| 2 | 尾池 悠 | 3 | 178 | 81 | 右右 | 大平 |
| 3 | 野代 陽友 | 3 | 185 | 98 | 右右 | 壬生 |
| 4 | 髙久 凌 | 3 | 171 | 68 | 右右 | 西方 |
| 5 | 中島 裕貴 | 3 | 172 | 75 | 右右 | 都賀 |
| ⑥ | 生沼 令大 | 3 | 161 | 61 | 右右 | 結城東(茨城) |
| 7 | 佐藤 憧英 | 2 | 179 | 77 | 右右 | 桑 |
| 8 | 吉村 勇人 | 3 | 178 | 80 | 右右 | 壬生 |
| 9 | 五月女 遥翔 | 3 | 168 | 70 | 右右 | 美田 |
| 10 | 大和 慶一郎 | 3 | 175 | 71 | 左左 | 野木 |
| 11 | 館野 功汰 | 3 | 174 | 73 | 右右 | 小山三 |
| 12 | 小倉 大輝 | 3 | 172 | 69 | 右右 | 栃木東陽 |
| 13 | 清水 駿斗 | 3 | 177 | 85 | 右右 | 皆川 |
| 14 | 稲葉 由悟 | 3 | 185 | 82 | 右右 | 栃木西 |
| 15 | 梅田 尚輝 | 3 | 173 | 75 | 左左 | 小山二 |
| 16 | 赤羽根 陽向 | 2 | 168 | 73 | 右右 | 吹上 |
| 17 | 内田 智康 | 2 | 170 | 60 | 右左 | 粟野 |
| 18 | 戸田 京佑 | 2 | 167 | 59 | 右右 | 大平南 |
| 19 | 加藤 駿介 | 3 | 176 | 67 | 右右 | 小山三 |
| 20 | 星野 光太朗 | 3 | 170 | 66 | 左左 | 陽南 |

栃工

# TOCHIGI KOGYO

栃木工業

部長 須藤 伸　監督 中村 裕　○キャプテン

| 背番号 | 氏名 | 学年 | 身長 | 体重 | 投打 | 出身中 |
|---|---|---|---|---|---|---|
| 1 | 猪野 智哉 | 3 | 174 | 57 | 右右 | 皆川 |
| 2 | 室井 康喜 | 2 | 173 | 63 | 右右 | 野木二 |
| 3 | 須長 遼有 | 3 | 173 | 65 | 右右 | 大平南 |
| ④ | 岸 竜希 | 3 | 163 | 50 | 右右 | 城南 |
| 5 | 風見 航太朗 | 2 | 165 | 50 | 右左 | 城南 |
| 6 | 寺内 心翼 | 2 | 165 | 57 | 右右 | 皆川 |
| 7 | 邉見 塁斗 | 1 | 171 | 64 | 右左 | 小山三 |
| 8 | 田中 暖 | 2 | 174 | 60 | 右両 | 藤岡一 |
| 9 | 高久 大樹 | 2 | 177 | 75 | 右右 | 吹上 |
| 10 | 加藤 壮真 | 2 | 165 | 59 | 右右 | 大平南 |
| 11 | 植竹 桂司 | 2 | 166 | 62 | 右右 | 大平南 |
| 12 | 下家 大輝 | 2 | 179 | 62 | 右右 | 吹上 |
| 13 | 黒崎 友稀 | 1 | 165 | 58 | 右右 | 栃木南 |
| 14 | 早乙女 彬 | 1 | 163 | 62 | 右右 | 栃木東 |

栃木翔南

# TOCHIGI SHONAN

栃木翔南

部長 大嶋 俊彦　監督 武田 直樹　○キャプテン

| 背番号 | 氏名 | 学年 | 身長 | 体重 | 投打 | 出身中 |
|---|---|---|---|---|---|---|
| 1 | 古橋 悠斗 | 2 | 179 | 80 | 右右 | 佐野北 |
| 2 | 猿橋 広大 | 2 | 178 | 76 | 右右 | 田沼西 |
| 3 | 三品 遥人 | 1 | 168 | 53 | 右左 | あそ野 |
| 4 | 大門 侑之将 | 1 | 174 | 68 | 右左 | 佐野高附属 |
| 5 | 小林 累偉 | 1 | 165 | 55 | 右右 | 佐野西 |
| ⑥ | 佐山 竜空 | 3 | 171 | 68 | 右右 | 佐野高附属 |
| 7 | 鯉沼 陸 | 3 | 159 | 57 | 右右 | 藤岡一 |
| 8 | 若田部 夢翔 | 2 | 172 | 71 | 右右 | 佐野高附属 |
| 9 | 阿部 巴弦 | 3 | 166 | 63 | 右右 | 田沼東 |
| 10 | 田中 大喜 | 1 | 162 | 56 | 右右 | 佐野高附属 |
| 11 | 郷 煌太朗 | 1 | 172 | 63 | 右右 | 佐野西 |
| 12 | 針谷 漸 | 1 | 165 | 57 | 右右 | 藤岡一 |
| 13 | 松本 響輝 | 2 | 165 | 73 | 右右 | 佐野南 |

佐野

# SANO

佐　野

## 佐野東

部長 星野 利明　監督 髙澤 晃輔　○キャプテン

| 背番号 | 氏名 | 学年 | 身長 | 体重 | 投打 | 出身中 |
|---|---|---|---|---|---|---|
| 1 | 大澤 虎南 | 3 | 172 | 61 | 右右 | 佐野西 |
| 2 | 冨岡 淳也 | 2 | 175 | 74 | 右右 | 足利北 |
| 3 | 野村 優羽 | 2 | 175 | 60 | 右左 | 佐野西 |
| 4 | 柴崎 駿斗 | 2 | 162 | 50 | 右左 | 佐野西 |
| 5 | 寺内 大輔 | 3 | 171 | 73 | 右右 | 岩舟 |
| ⑥ | 堀越 彩太 | 3 | 160 | 50 | 右右 | 愛宕台 |
| 7 | 船田 大貴 | 3 | 170 | 66 | 右右 | 足利一 |
| 8 | 柏﨑 大翔 | 2 | 175 | 73 | 右右 | 佐野西 |
| 9 | 門間 幹太 | 3 | 187 | 87 | 左左 | 毛野 |
| 10 | 齋藤 一樹 | 3 | 175 | 63 | 右右 | 足利三 |
| 11 | 篠田 翔亜 | 1 | 173 | 67 | 左左 | 佐野城東 |
| 12 | 渡辺 泰成 | 1 | 173 | 61 | 右右 | 佐野城東 |

# SANO HIGASHI

佐野東

部長 川崎 秀二　監督 中村 健吾　○キャプテン

| 背番号 | 氏名 | 学年 | 身長 | 体重 | 投打 | 出身中 |
|---|---|---|---|---|---|---|
| 1 | 猿橋 圭梧 | 2 | 172 | 78 | 左左 | 佐野北 |
| ② | 猿橋 昂汰 | 3 | 174 | 75 | 右右 | 佐野北 |
| 3 | 大木 憧真 | 3 | 167 | 74 | 右右 | 葛生 |
| 4 | 柴崎 悠哉 | 1 | 162 | 55 | 右左 | 佐野西 |
| 5 | 磯貝 巴詩 | 2 | 170 | 62 | 右右 | 佐野西 |
| 6 | 穐原 峻央 | 2 | 165 | 60 | 右右 | 佐野西 |
| 7 | 小林 弓也 | 3 | 173 | 65 | 右右 | 佐野南 |
| 8 | 矢口 俊 | 3 | 166 | 62 | 右右 | 佐野西 |
| 9 | 柿沼 太 | 3 | 168 | 68 | 右右 | 赤見 |
| 10 | 島田 駿 | 2 | 172 | 64 | 右右 | 佐野西 |
| 11 | 島村 來夢 | 1 | 171 | 62 | 右右 | 赤見 |
| 12 | モハメド ショイブ | 2 | 170 | 66 | 右右 | 佐野北 |

# SANO SHOUOU

佐野松桜

部長 渡辺 雅之　監督 麦倉 洋一　○キャプテン

| 背番号 | 氏名 | 学年 | 身長 | 体重 | 投打 | 出身中 |
|---|---|---|---|---|---|---|
| 1 | 大門 稜平 | 3 | 178 | 81 | 右右 | 姿川 |
| 2 | 残間 海地 | 3 | 179 | 76 | 右右 | 黒羽 |
| 3 | 大関 日和 | 3 | 170 | 75 | 右左 | 都賀 |
| 4 | 狩野 太洋 | 3 | 177 | 68 | 右左 | 久喜(埼玉) |
| 5 | 岡佐 昌樹 | 3 | 180 | 83 | 右右 | 小山三 |
| ⑥ | 増山 渉太 | 3 | 177 | 69 | 右右 | 吹上 |
| 7 | 早乙女 左恭 | 3 | 173 | 75 | 左左 | 北押原 |
| 8 | 川崎 大也 | 3 | 170 | 72 | 右左 | 赤見 |
| 9 | 丸山 詩温 | 2 | 176 | 73 | 右左 | 雀宮 |
| 10 | 鈴木 空 | 2 | 183 | 72 | 右右 | 国分寺 |
| 11 | 齋藤 怜 | 3 | 177 | 72 | 右右 | 三室(埼玉) |
| 12 | 細田 晃誠 | 2 | 176 | 73 | 右右 | 佐日中等 |
| 13 | 青木 琢実 | 3 | 183 | 85 | 右右 | 結城(茨城) |
| 14 | 古河 琢磨 | 2 | 174 | 70 | 右右 | 小山二 |
| 15 | 腰塚 孔明 | 2 | 176 | 70 | 右左 | 姿川 |
| 16 | 中村 啓太 | 2 | 178 | 72 | 右右 | 堀川(富山) |
| 17 | 関口 翔太 | 3 | 182 | 78 | 右右 | 東松山南(埼玉) |
| 18 | 畑 大稀 | 2 | 178 | 75 | 右左 | 土呂(埼玉) |
| 19 | 佐久間 結人 | 2 | 179 | 78 | 左左 | 真岡 |
| 20 | 井達 優希斗 | 3 | 175 | 73 | 右右 | 愛宕台 |

# SANO NICHIDAI

佐野日大

部長 青山 尚緯　監督 石川 俊介　○キャプテン

| 背番号 | 氏名 | 学年 | 身長 | 体重 | 投打 | 出身中 |
|---|---|---|---|---|---|---|
| 1 | 山崎 陽瑠 | 3 | 175 | 75 | 左左 | 明治 |
| 2 | 矢野 楽翔 | 3 | 170 | 75 | 右右 | 若松原 |
| 3 | 町田 愛斗 | 3 | 173 | 76 | 左左 | 三島 |
| 4 | 永井 麗央 | 3 | 168 | 65 | 右右 | 沼田東(群馬) |
| ⑤ | 伊藤 翔哉 | 3 | 178 | 70 | 右右 | 氏家 |
| 6 | 石下 颯音 | 3 | 172 | 65 | 右左 | 矢板 |
| 7 | 宗 祐矢 | 3 | 188 | 88 | 右左 | 寺尾(神奈川) |
| 8 | 石川 蒼 | 2 | 175 | 70 | 右左 | 鹿沼西 |
| 9 | 前田 真之介 | 3 | 168 | 65 | 右左 | 明治 |
| 10 | 伊藤 祐太 | 3 | 170 | 70 | 右左 | 小山三 |
| 11 | 黒沢 勇太 | 2 | 176 | 75 | 右右 | 飛鳥(東京) |
| 12 | 沼上 丈汰 | 3 | 177 | 80 | 右右 | 熊谷東(埼玉) |
| 13 | 新井 悠太 | 2 | 174 | 68 | 右右 | 協和 |
| 14 | 石川 翔海 | 2 | 160 | 60 | 右左 | 赤見 |
| 15 | 渡邊 魁 | 2 | 168 | 65 | 右右 | 城南 |
| 16 | 朝倉 羽太 | 3 | 162 | 60 | 右右 | 鶴ヶ島西(埼玉) |
| 17 | 小筆 琉世 | 3 | 168 | 70 | 右右 | 日新 |
| 18 | 風戸 涼冴 | 3 | 180 | 85 | 右右 | 加須東(埼玉) |
| 19 | 瀬端 亜夢斗 | 3 | 170 | 62 | 右左 | 大谷 |
| 20 | 橋本 雅人 | 2 | 170 | 62 | 右右 | 赤見 |

青藍泰斗

# SEIRAN TAITO

青藍泰斗

部長 直井 秀太　監督 藤田 慎二　○キャプテン

| 背番号 | 氏名 | 学年 | 身長 | 体重 | 投打 | 出身中 |
|---|---|---|---|---|---|---|
| 1 | 吉沢 隆太郎 | 3 | 178 | 65 | 左左 | 湯本第一(福島) |
| 2 | 石丸 光琉 | 3 | 177 | 71 | 右右 | 福生第二(東京) |
| 3 | 松崎 翼 | 3 | 180 | 65 | 左左 | 富士見(埼玉) |
| 4 | 磯 卓真 | 3 | 180 | 72 | 右右 | 親園 |
| 5 | 柴田 大輝 | 3 | 178 | 76 | 右右 | 上三川 |
| 6 | 茂木 瞳弥 | 3 | 172 | 67 | 右右 | 足利三 |
| 7 | 高橋 陽也 | 3 | 176 | 86 | 右右 | 向原(埼玉) |
| 8 | 吉澤 諒 | 2 | 174 | 70 | 右左 | 若松原 |
| 9 | 大澤 廉 | 3 | 174 | 67 | 右右 | 小川西(埼玉) |
| ⑩ | 中沢 匠磨 | 3 | 183 | 73 | 右左 | 野木二 |
| 11 | 大須賀 慎吾 | 3 | 182 | 72 | 右右 | 坂西 |
| 12 | 増田 洸介 | 3 | 177 | 77 | 右右 | 山辺 |
| 13 | 井之上 陽星 | 3 | 177 | 77 | 右右 | 藤沢(埼玉) |
| 14 | 植松 睦稀 | 3 | 174 | 69 | 右右 | 深谷(埼玉) |
| 15 | 林 虎之介 | 2 | 170 | 70 | 右右 | 和田(東京) |
| 16 | 舘野 魁崇 | 2 | 176 | 67 | 右右 | 大谷 |
| 17 | 工藤 翔馬 | 3 | 176 | 78 | 右右 | 柏ヶ谷(神奈川) |
| 18 | 廣瀬 大和 | 2 | 172 | 73 | 右左 | 鉾田北(茨城) |
| 19 | 大下 魁正 | 1 | 174 | 70 | 右右 | 鶴ヶ島南(埼玉) |
| 20 | 小林 快成 | 3 | 170 | 68 | 右右 | 美杉台(埼玉) |

白鷗足利

# HAKUOHDAI ASHIKAGA

白鷗大足利

部長 小堀 暢之　監督 荻原 敬司　○キャプテン

| 背番号 | 氏名 | 学年 | 身長 | 体重 | 投打 | 出身中 |
|---|---|---|---|---|---|---|
| 1 | 小林 央典 | 2 | 180 | 76 | 左左 | 栃木西 |
| 2 | 杉本 榛 | 2 | 179 | 70 | 右右 | 栃木西 |
| 3 | 谷 春空 | 2 | 181 | 88 | 右右 | 佐野北 |
| 4 | 吉田 成輝 | 2 | 171 | 62 | 右右 | 足利北 |
| 5 | 荒川 和輝 | 3 | 180 | 71 | 右右 | 東陽 |
| ⑥ | 渡邊 夏生 | 3 | 164 | 64 | 右右 | 毛野 |
| 7 | 菊地 優真 | 3 | 175 | 67 | 右左 | 山辺 |
| 8 | 上原 颯太 | 3 | 175 | 80 | 左左 | 佐野北 |
| 9 | 小谷野 蒼我 | 2 | 172 | 63 | 右左 | 山辺 |
| 10 | 関口 竜也 | 3 | 175 | 64 | 右右 | 毛野 |
| 11 | 賣野 壱成 | 3 | 156 | 55 | 右左 | 足利北 |
| 12 | 牛久 葵 | 3 | 175 | 105 | 右左 | 葛生 |
| 13 | 猿山 蓮己 | 2 | 172 | 70 | 右右 | 東陽 |
| 14 | 吉田 稔叶 | 2 | 170 | 56 | 右左 | 大平 |
| 15 | 佐藤 煌 | 1 | 171 | 60 | 右右 | 足利三 |
| 16 | 渡邊 悠翔 | 2 | 173 | 70 | 右右 | 大平 |
| 17 | 山口 璃来 | 1 | 173 | 64 | 右左 | 足利北 |
| 18 | 大月 翼 | 2 | 161 | 55 | 右右 | 愛宕台 |
| 19 | 齋藤 海空斗 | 1 | 176 | 67 | 右左 | 山辺 |
| 20 | 星 光希 | 1 | 172 | 79 | 右左 | 山辺 |

足大付

# ASHIKAGADAI FUZOKU

足利大付属

足利

部長 相馬 虹輝　監督 須永 穂積　○キャプテン

| 背番号 | 氏名 | 学年 | 身長 | 体重 | 投打 | 出身中 |
|---|---|---|---|---|---|---|
| 1 | 田中 晟樹 | 3 | 185 | 85 | 右右 | 佐野西 |
| 2 | 遠藤 大介 | 2 | 178 | 70 | 右左 | 愛宕台 |
| 3 | 清水 惇史 | 3 | 177 | 72 | 右右 | 足利二 |
| 4 | 小野 陽斗 | 3 | 170 | 58 | 右右 | 田沼東 |
| ⑤ | 松田 蒼大 | 3 | 174 | 64 | 右右 | 足利北 |
| 6 | 芹澤 春 | 2 | 173 | 64 | 右左 | 葛生 |
| 7 | 山地 碧維 | 3 | 176 | 68 | 右右 | 坂西 |
| 8 | 吉田 壮吾 | 3 | 173 | 66 | 右右 | 佐野西 |
| 9 | 須永 大輝 | 3 | 176 | 70 | 右右 | 足利北 |
| 10 | 掛本 壮真 | 3 | 176 | 68 | 左左 | 田沼西 |
| 11 | 関田 蓮 | 3 | 175 | 75 | 右右 | 足利二 |
| 12 | 槌谷 碧晃 | 2 | 171 | 64 | 右右 | 足利一 |
| 13 | 木村 伊織 | 3 | 170 | 65 | 右右 | 赤見 |
| 14 | 早川 太希 | 2 | 173 | 74 | 右左 | 協和 |
| 15 | 兼平 大輝 | 2 | 178 | 63 | 右右 | 足利西 |
| 16 | 金井 隆晃 | 2 | 172 | 82 | 右右 | 坂西 |
| 17 | 柴崎 漣也 | 2 | 178 | 86 | 左左 | 山辺 |
| 18 | 増澤 琉太 | 2 | 185 | 88 | 右右 | 足利三 |
| 19 | 高橋 健人 | 2 | 166 | 63 | 右右 | 足利一 |
| 20 | 中村 康典 | 2 | 166 | 62 | 右左 | 佐野西 |

# ASHIKAGA

足　利

足工

部長 日向野 豊　監督 伊藤 光一　○キャプテン

| 背番号 | 氏名 | 学年 | 身長 | 体重 | 投打 | 出身中 |
|---|---|---|---|---|---|---|
| 1 | 小林 蒼河 | 3 | 174 | 60 | 右左 | 田沼東 |
| 2 | 宮沢 翔栄 | 3 | 174 | 80 | 右右 | 足利二 |
| 3 | 島田 琉大 | 3 | 175 | 76 | 右右 | 協和 |
| 4 | 相澤 志到 | 3 | 175 | 66 | 右左 | 足利二 |
| ⑤ | 塩島 健吾 | 3 | 184 | 80 | 右左 | 赤見 |
| 6 | 小泉 建太朗 | 3 | 174 | 75 | 右左 | 足利西 |
| 7 | 岡部 慎也 | 2 | 172 | 62 | 右右 | 坂西 |
| 8 | 駒田 将吾 | 3 | 175 | 70 | 右右 | 足利二 |
| 9 | 佐藤 泰輝 | 2 | 173 | 77 | 右右 | 足利北 |
| 10 | 上岡 巧人 | 3 | 160 | 61 | 左左 | 藤岡一 |
| 11 | 関根 隆晟 | 2 | 176 | 72 | 左左 | 赤見 |
| 12 | 新井 蒼 | 3 | 170 | 73 | 右右 | 協和 |
| 13 | 齋藤 晶仁 | 3 | 166 | 60 | 右左 | 山辺 |
| 14 | 宮田 綾柾 | 3 | 168 | 62 | 右右 | 大谷 |
| 15 | 幸田 聡吾 | 2 | 168 | 55 | 右右 | 赤見 |
| 16 | 阿部 暖樹 | 2 | 172 | 66 | 右右 | 坂西 |
| 17 | 土澤 弘雅 | 2 | 172 | 56 | 右左 | 葛生 |
| 18 | 加藤 里玖斗 | 2 | 178 | 78 | 右右 | 赤見 |
| 19 | 伊藤 叶之介 | 2 | 174 | 58 | 右左 | 佐野北 |
| 20 | 青山 晴人 | 2 | 170 | 70 | 右右 | 常盤 |

# ASHIKAGA KOGYO

足利工業

足利南

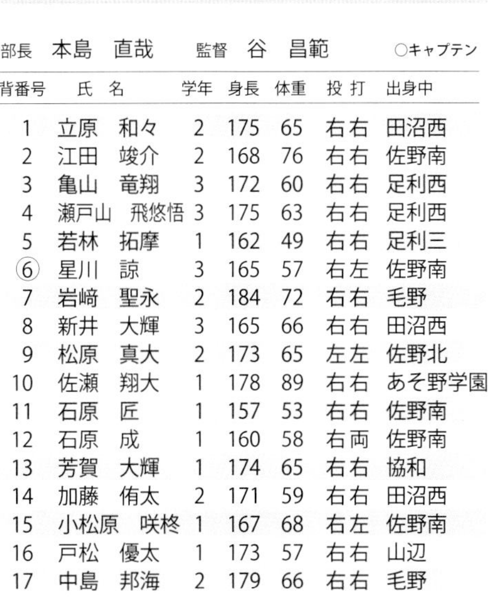

部長 本島 直哉　監督 谷 昌範　○キャプテン

| 背番号 | 氏名 | 学年 | 身長 | 体重 | 投打 | 出身中 |
|---|---|---|---|---|---|---|
| 1 | 立原 和々 | 2 | 175 | 65 | 右右 | 田沼西 |
| 2 | 江田 竣介 | 2 | 168 | 76 | 右右 | 佐野南 |
| 3 | 亀山 竜翔 | 3 | 172 | 60 | 右右 | 足利西 |
| 4 | 瀬戸山 飛悠悟 | 3 | 175 | 63 | 右右 | 足利西 |
| 5 | 若林 拓摩 | 1 | 162 | 49 | 右右 | 足利三 |
| ⑥ | 星川 諒 | 3 | 165 | 57 | 右左 | 佐野南 |
| 7 | 岩﨑 聖永 | 2 | 184 | 72 | 右右 | 毛野 |
| 8 | 新井 大輝 | 3 | 165 | 66 | 右右 | 田沼西 |
| 9 | 松原 真大 | 2 | 173 | 65 | 左左 | 佐野北 |
| 10 | 佐瀬 翔大 | 1 | 178 | 89 | 右右 | あそ野学園 |
| 11 | 石原 匠 | 1 | 157 | 53 | 右右 | 佐野南 |
| 12 | 石原 成 | 1 | 160 | 58 | 右両 | 佐野南 |
| 13 | 芳賀 大輝 | 1 | 174 | 65 | 右右 | 協和 |
| 14 | 加藤 侑太 | 2 | 171 | 59 | 右右 | 田沼西 |
| 15 | 小松原 咲柊 | 1 | 167 | 68 | 右左 | 佐野南 |
| 16 | 戸松 優太 | 1 | 173 | 57 | 右右 | 山辺 |
| 17 | 中島 邦海 | 2 | 179 | 66 | 右右 | 毛野 |

# ASHIKAGA MINAMI

足利南

## 足利清風

部長 武藤 優太　監督 関口 悦紹　○キャプテン

| 背番号 | 氏 名 | 学年 | 身長 | 体重 | 投 打 | 出身中 |
|---|---|---|---|---|---|---|
| 1 | 森田 球斗 | 2 | 178 | 78 | 右右 | 坂西 |
| ② | 世取山 拓 | 3 | 164 | 65 | 右左 | 坂西 |
| 3 | 山中 輝葵 | 1 | 170 | 75 | 右左 | 足利一 |
| 4 | 源田 叶和 | 2 | 171 | 69 | 右左 | 毛野 |
| 5 | 中山 瑠晟 | 3 | 186 | 73 | 右右 | 坂西 |
| 6 | 山﨑 歩夢 | 2 | 173 | 66 | 右右 | 山辺 |
| 7 | 根岸 暖人 | 3 | 170 | 70 | 右右 | 足利西 |
| 8 | 中村 修我 | 2 | 165 | 60 | 右右 | 足利三 |
| 9 | 小林 敦貴 | 3 | 168 | 65 | 左右 | 山辺 |
| 10 | 藤原 壱颯 | 1 | 173 | 60 | 右右 | 毛野 |
| 11 | 渡邉 龍祐 | 2 | 168 | 70 | 右右 | 足利西 |

# ASHIKAGA SEIFU

足利清風

## 大田原

部長 藤原 和人　監督 鈴木 望夢　○キャプテン

| 背番号 | 氏 名 | 学年 | 身長 | 体重 | 投 打 | 出身中 |
|---|---|---|---|---|---|---|
| 1 | 宇賀神 真悠 | 3 | 186 | 72 | 右右 | 東那須野 |
| 2 | 岩井 悠太朗 | 2 | 179 | 66 | 右右 | 三島 |
| ③ | 石塚 政敬 | 3 | 166 | 67 | 右右 | 日新 |
| 4 | 鶴野 瑛太 | 2 | 164 | 58 | 右右 | 大田原 |
| 5 | 伴 鴻遥 | 3 | 162 | 71 | 右右 | 親園 |
| 6 | 室井 将貴 | 3 | 172 | 65 | 右右 | 大田原 |
| 7 | 鈴木 崚之介 | 2 | 180 | 65 | 左左 | 小川 |
| 8 | 小豆畑 壮吾 | 3 | 168 | 62 | 左左 | 那須 |
| 9 | 福田 旺亮 | 2 | 169 | 66 | 右右 | 三島 |
| 10 | 相馬 育歩 | 3 | 163 | 66 | 右左 | 那須 |
| 11 | 木下 晨吾 | 3 | 169 | 60 | 右左 | 東那須野 |
| 12 | 藤田 励斗 | 2 | 183 | 73 | 右右 | 日新 |
| 13 | 岩井 信太朗 | 2 | 177 | 58 | 右右 | 三島 |
| 14 | 駒場 晴彦 | 2 | 160 | 62 | 右右 | 小川 |
| 15 | 畠山 宙大 | 2 | 178 | 95 | 右右 | 湯津上 |
| 16 | 中畑 颯太 | 2 | 162 | 62 | 左左 | 金田南 |
| 17 | 小沼 歩夢 | 1 | 171 | 57 | 右右 | 金田南 |
| 18 | 藤田 那音 | 1 | 179 | 68 | 右右 | 野崎 |
| 19 | 谷口 和優 | 1 | 175 | 67 | 右右 | 親園 |
| 20 | 小山 義将 | 1 | 174 | 68 | 右右 | 西那須野 |

# OTAWARA

大田原

## 黒羽

部長 砂川 宜生　監督 神山 雅　○キャプテン

| 背番号 | 氏 名 | 学年 | 身長 | 体重 | 投 打 | 出身中 |
|---|---|---|---|---|---|---|
| 1 | 阿久津 海斗 | 3 | 180 | 64 | 右右 | 湯津上 |
| 2 | 小野 魁士 | 3 | 165 | 77 | 右右 | 黒磯 |
| 3 | 菊池 剣斗 | 3 | 172 | 63 | 右左 | 黒羽 |
| 4 | 古川 颯杜 | 2 | 168 | 56 | 右右 | 日新 |
| 5 | 菊池 昂太 | 3 | 174 | 62 | 右右 | 黒羽 |
| ⑥ | 益子 龍斗 | 3 | 167 | 59 | 右右 | 馬頭 |
| 7 | 平山 蓮 | 2 | 171 | 67 | 右右 | 東那須野 |
| 8 | 江連 永遠 | 2 | 168 | 59 | 右右 | 黒羽 |
| 9 | 豊田 悠斗 | 3 | 164 | 61 | 右右 | 親園 |
| 10 | 菊地 心 | 3 | 160 | 58 | 右右 | 湯津上 |
| 11 | 菅生 優雅 | 1 | 181 | 81 | 右右 | 金田北 |
| 12 | 嘉久和 柊吾 | 2 | 176 | 72 | 右右 | 金田北 |
| 13 | 本荘 風飛 | 2 | 173 | 93 | 右右 | 西那須野 |
| 14 | 印南 槙人 | 1 | 164 | 55 | 右右 | 金田南 |
| 15 | 高久 悠飛 | 1 | 171 | 74 | 右右 | 三島 |
| 16 | 藤田 隆平 | 2 | 156 | 82 | 右右 | 黒羽 |
| 17 | 菅生 大翔 | 2 | 173 | 58 | 右右 | 黒羽 |
| 18 | 黒田 アキラ | 1 | 161 | 55 | 右右 | 大田原 |
| 19 | 関谷 翔 | 1 | 166 | 50 | 左左 | 湯津上 |

# KUROBANE

黒　羽

那須拓陽

## NASU TAKUYO

### 那須拓陽

部長 我妻 昭佳　監督 室井 洋一　○キャプテン

| 背番号 | 氏 名 | 学年 | 身長 | 体重 | 投 打 | 出身中 |
|---|---|---|---|---|---|---|
| 1 | 佐藤 佑磨 | 3 | 174 | 63 | 右右 | 親園 |
| 2 | 鈴木 介登 | 2 | 173 | 86 | 右右 | 黒羽 |
| 3 | 土橋 優斗 | 2 | 175 | 81 | 右右 | 三島 |
| 4 | 前田 龍之介 | 2 | 172 | 67 | 右右 | 三島 |
| 5 | 八ヶ代 快 | 2 | 171 | 63 | 右右 | 野崎 |
| 6 | 仲野 竜笙 | 3 | 174 | 67 | 右左 | 黒羽 |
| 7 | 畠山 尚也 | 3 | 170 | 64 | 右右 | 若草 |
| ⑧ | 國井 景斗 | 3 | 170 | 67 | 右右 | 金田南 |
| 9 | 小川 純輝 | 3 | 175 | 64 | 右右 | 黒羽 |
| 10 | 人見 桂樹 | 3 | 171 | 64 | 右右 | 那須 |
| 11 | 磯 幸輝 | 2 | 175 | 63 | 右右 | 黒磯 |
| 12 | 大平 丈範 | 3 | 168 | 63 | 右右 | 黒羽 |
| 13 | 八月朔日 恒太 | 3 | 165 | 85 | 右右 | 三島 |
| 14 | 薄井 翔大 | 3 | 170 | 61 | 右右 | 日新 |
| 15 | 渡辺 瑞樹 | 3 | 174 | 68 | 右右 | 親園 |
| 16 | 薄井 和也 | 2 | 176 | 77 | 右右 | 日新 |
| 17 | 金澤 楓弥 | 2 | 171 | 64 | 右右 | 塩谷 |
| 18 | 郡司 凌汰 | 2 | 170 | 53 | 右右 | 親園 |
| 19 | 岡 侑生 | 2 | 165 | 70 | 右左 | 湯津上 |
| 20 | 阿久津 泰喜 | 2 | 168 | 72 | 右右 | 三島 |

烏山

## KARASUYAMA

### 烏　山

部長 斎藤 康甫　監督 川又 勝寿　○キャプテン

| 背番号 | 氏 名 | 学年 | 身長 | 体重 | 投 打 | 出身中 |
|---|---|---|---|---|---|---|
| 1 | 助川 凱 | 3 | 168 | 65 | 右右 | 湯津上 |
| ② | 長山 大輝 | 3 | 176 | 82 | 右右 | 湯津上 |
| 3 | 寺澤 賢俊 | 3 | 174 | 72 | 右右 | 南那須 |
| 4 | 大森 翼 | 3 | 170 | 60 | 右右 | 湯津上 |
| 5 | 小松 駿太 | 2 | 174 | 71 | 右右 | 阿久津 |
| 6 | 根本 丞 | 3 | 162 | 54 | 右右 | 烏山 |
| 7 | 半田 竜也 | 3 | 169 | 71 | 右右 | 阿久津 |
| 8 | 中根 聡太 | 2 | 174 | 74 | 右右 | 氏家 |
| 9 | 鈴木 啓太 | 3 | 166 | 80 | 右右 | 小川 |
| 10 | 北條 秀真 | 3 | 172 | 73 | 右右 | 西那須野 |
| 11 | 相田 吏緒 | 2 | 175 | 85 | 左左 | 喜連川 |
| 12 | 岡 広翔 | 1 | 173 | 90 | 右右 | 馬頭 |
| 13 | 佐藤 慎之介 | 2 | 167 | 72 | 右右 | 喜連川 |
| 14 | 屋代 衛青 | 2 | 160 | 51 | 右右 | 南那須 |
| 15 | 伴 渓樹 | 1 | 163 | 70 | 左左 | 親園 |
| 16 | 鈴木 湧也 | 2 | 171 | 60 | 右右 | 烏山 |
| 17 | 片山 耀星 | 3 | 160 | 58 | 右右 | 氏家 |
| 18 | 石井 友陽 | 2 | 176 | 61 | 右左 | 阿久津 |
| 19 | 玉野 颯大 | 3 | 164 | 59 | 右右 | 南那須 |
| 20 | 古口 天翔 | 3 | 182 | 89 | 右右 | 北高根沢 |

高根沢

## TAKANEZAWA

### 高根沢

部長 星野 貴志　監督 田村 優風　○キャプテン

| 背番号 | 氏 名 | 学年 | 身長 | 体重 | 投 打 | 出身中 |
|---|---|---|---|---|---|---|
| 1 | 馬崎 徳仁 | 2 | 175 | 68 | 左右 | 田原 |
| 2 | 栫 流星 | 2 | 172 | 66 | 右左 | 烏山 |
| 3 | 阿久津 颯大 | 3 | 176 | 74 | 右左 | 河内 |
| 4 | 齋藤 航 | 2 | 171 | 58 | 右左 | 阿久津 |
| 5 | 林 聖士 | 3 | 169 | 68 | 右右 | 古里 |
| ⑥ | 竹田 登輝 | 3 | 178 | 67 | 右右 | 氏家 |
| 7 | 渡辺 翔稀 | 3 | 163 | 61 | 右左 | 鬼怒 |
| 8 | 竹井 利典 | 3 | 163 | 52 | 右右 | 南那須 |
| 9 | 榮田 悠誠 | 3 | 170 | 62 | 右右 | 鬼怒 |
| 10 | 長谷川 涼太 | 3 | 178 | 72 | 右右 | 氏家 |
| 11 | 小林 遼也 | 2 | 165 | 52 | 右右 | 氏家 |
| 12 | 渡邉 涼太 | 2 | 177 | 64 | 右右 | 阿久津 |
| 13 | 和氣 想 | 2 | 171 | 94 | 右右 | 塩谷 |
| 14 | 五味渕 翔 | 2 | 173 | 64 | 右右 | 氏家 |
| 15 | 福山 翔太 | 1 | 167 | 61 | 右左 | 阿久津 |
| 16 | 飯塚 剛己 | 2 | 159 | 48 | 右右 | 氏家 |
| 17 | 鴨川 聖 | 2 | 172 | 62 | 右右 | 氏家 |
| 18 | 牧田 佑介 | 2 | 171 | 63 | 左左 | 烏山 |
| 19 | 須藤 奎登 | 1 | 168 | 61 | 右右 | 阿久津 |
| 20 | 竹井 弥月 | 1 | 161 | 51 | 右左 | 南那須 |

部長 星野 廣之　監督 高久 昌弘　○キャプテン

| 背番号 | 氏 名 | 学年 | 身長 | 体重 | 投 打 | 出身中 |
|---|---|---|---|---|---|---|
| 1 | 川上 棒斗 | 3 | 178 | 72 | 右右 | 若草 |
| 2 | 遠藤 理吾武 | 2 | 174 | 60 | 右左 | 厚崎 |
| 3 | 郷間 蒼良 | 3 | 170 | 72 | 左左 | 那須 |
| 4 | 関根 隆太 | 2 | 174 | 61 | 右左 | 矢板 |
| 5 | 小椋 捷瑚 | 2 | 168 | 60 | 右右 | 金田北 |
| 6 | 井上 正太 | 3 | 171 | 65 | 右右 | 黒羽 |
| ⑦ | 田野 拳史郎 | 3 | 174 | 70 | 右右 | 東那須野 |
| 8 | 小林 悠翔 | 3 | 174 | 70 | 左左 | 三島 |
| 9 | 山田 澪珠 | 2 | 166 | 60 | 左左 | 金田北 |
| 10 | 関口 慶慈 | 2 | 177 | 70 | 右右 | 厚崎 |
| 11 | 岡井 透智 | 2 | 176 | 68 | 左左 | 黒磯北 |
| 12 | 河越 大空 | 3 | 164 | 60 | 右左 | 大田原 |
| 13 | 井上 海翔 | 2 | 168 | 72 | 右右 | 那須 |
| 14 | 室井 駿汰 | 2 | 164 | 84 | 右右 | 厚崎 |
| 15 | 藤田 康介 | 3 | 170 | 66 | 右右 | 黒羽 |
| 16 | 阿部 凌太郎 | 3 | 179 | 65 | 右右 | 西那須野 |
| 17 | 児玉 拓大 | 2 | 173 | 66 | 右左 | 那須中央 |
| 18 | 手塚 晃秀 | 2 | 174 | 84 | 右右 | 塩原小中 |
| 19 | 今井 康陽 | 2 | 178 | 71 | 右左 | 那須 |
| 20 | 鈴木 康允 | 2 | 168 | 80 | 両左 | 氏家 |

黒磯

# KUROISO

## 黒　磯

部長 鈴木 崇　監督 郷間 健也　○キャプテン

| 背番号 | 氏 名 | 学年 | 身長 | 体重 | 投 打 | 出身中 |
|---|---|---|---|---|---|---|
| ① | 齊藤 裕太 | 3 | 180 | 78 | 右右 | 那須中央 |
| 2 | 三森 悠雅 | 3 | 172 | 77 | 右右 | 那須中央 |
| 3 | 赤川 翔舵 | 1 | 174 | 70 | 左左 | 厚崎 |
| 4 | 伊藤 健太 | 2 | 165 | 60 | 右右 | 厚崎 |
| 5 | 本堂 新 | 1 | 160 | 55 | 右右 | 那須中央 |
| 6 | 礒 温人 | 2 | 162 | 57 | 右左 | 湯津上 |
| 7 | 沢目 健人 | 1 | 172 | 60 | 右右 | 東那須野 |
| 8 | 池田 優希 | 2 | 180 | 73 | 右左 | 日新 |
| 9 | 菊地 烈王 | 1 | 170 | 57 | 左左 | 那須中央 |

黒磯南

# KUROISO MINAMI

## 黒磯南

部長 佐藤 恵　監督 君島 健友　○キャプテン

| 背番号 | 氏 名 | 学年 | 身長 | 体重 | 投 打 | 出身中 |
|---|---|---|---|---|---|---|
| 1 | 黒坂 大希 | 3 | 183 | 75 | 左左 | 黒磯北 |
| 2 | 阪本 将人 | 3 | 170 | 66 | 右左 | 日新 |
| 3 | 藤田 海樹 | 3 | 179 | 82 | 右右 | 那須中央 |
| 4 | 平山 嘉人 | 3 | 166 | 63 | 右左 | 那須中央 |
| 5 | 髙秀 龍 | 1 | 163 | 60 | 右右 | 黒磯北 |
| ⑥ | 小藤 光将 | 3 | 181 | 71 | 右右 | 黒羽 |
| 7 | 谷森 渉夢 | 3 | 162 | 56 | 左左 | 塩谷 |
| 8 | 益子 侑大 | 2 | 173 | 67 | 左右 | 那須中央 |
| 9 | 伊藤 嶺司 | 3 | 170 | 80 | 右右 | 若草 |
| 10 | 相馬 一翔 | 3 | 178 | 65 | 右右 | 親園 |
| 11 | 小松 涼介 | 2 | 176 | 64 | 右右 | 西那須野 |
| 12 | 能登 遥斗 | 2 | 172 | 71 | 右右 | 黒磯北 |
| 13 | 加藤 獅琉 | 2 | 168 | 70 | 右右 | 日新 |
| 14 | 酒井 友輔 | 1 | 169 | 63 | 右右 | 那須中央 |
| 15 | 田村 大翔 | 2 | 167 | 66 | 右右 | 親園 |
| 16 | 星野 敦士 | 2 | 178 | 87 | 右左 | 那須中央 |
| 17 | 髙梨 駿 | 2 | 172 | 68 | 右右 | 黒磯北 |
| 18 | 大平 拓実 | 2 | 174 | 65 | 右左 | 日新 |
| 19 | 佐藤 琉飛 | 2 | 168 | 59 | 右右 | 湯津上 |
| 20 | 辻 由良 | 1 | 167 | 55 | 左左 | 黒羽 |

那須清峰

# NASU SEIHO

## 那須清峰

部長 佐野 弘幸　監督 井澤 崇典　○キャプテン

| 背番号 | 氏名 | 学年 | 身長 | 体重 | 投打 | 出身中 |
|---|---|---|---|---|---|---|
| 1 | 村岡 俊輔 | 2 | 177 | 63 | 左左 | 西那須野 |
| 2 | 山本 隆広 | 3 | 170 | 70 | 右右 | 田原 |
| 3 | 清水 敢介 | 1 | 165 | 50 | 右右 | 田原 |
| 4 | 井上 悠真 | 2 | 168 | 64 | 右右 | 氏家 |
| 5 | 蛇石 桜雅 | 1 | 168 | 66 | 右右 | 河内 |
| ⑥ | 川合 大喜 | 3 | 172 | 68 | 右右 | 氏家 |
| 7 | 小室 陽輝 | 1 | 166 | 55 | 左左 | 阿久津 |
| 8 | 島田 敦也 | 3 | 171 | 68 | 右左 | 河内 |
| 9 | 白岩 大誠 | 3 | 173 | 70 | 右右 | 田原 |
| 10 | 鱒渕 樹也 | 2 | 169 | 58 | 左左 | 阿久津 |

さくら清修

## SAKURA SEISHU

さくら清修

部長 高野 寛史　監督 花田 知晃　○キャプテン

| 背番号 | 氏名 | 学年 | 身長 | 体重 | 投打 | 出身中 |
|---|---|---|---|---|---|---|
| 1 | 印南 龍人 | 2 | 172 | 66 | 右右 | 金田北 |
| 2 | 小堀 一稀 | 1 | 176 | 63 | 右右 | 茂木 |
| 3 | ヘレラ アウロン | 2 | 173 | 87 | 右右 | 大田原 |
| ④ | 中山 佑太 | 2 | 165 | 61 | 右右 | 七井 |
| 5 | 田野實 奏音 | 1 | 167 | 60 | 右右 | 益子 |
| 6 | 栁岡 漣 | 1 | 166 | 54 | 右左 | 茂木 |
| 7 | 星野 巧翔 | 2 | 168 | 62 | 右右 | 中村 |
| 8 | 小室 寿仁 | 1 | 164 | 59 | 左左 | 三島 |
| 9 | 河原 巧真 | 2 | 168 | 55 | 右左 | 茂木 |
| 10 | 杉本 琉星 | 2 | 162 | 64 | 右右 | 黒磯 |

益子芳星・那須

## MASHIKOHOUSEI・NASU

益子芳星・那須

部長 後藤 克彦　監督 棚橋 誠一郎　○キャプテン

| 背番号 | 氏名 | 学年 | 身長 | 体重 | 投打 | 出身中 |
|---|---|---|---|---|---|---|
| 1 | 阿座上 隼平 | 3 | 173 | 68 | 右右 | 平川(山口) |
| 2 | 津﨑 真之介 | 3 | 170 | 60 | 右右 | 国見(大分) |
| 3 | 清家 駿太朗 | 1 | 170 | 62 | 左左 | 幸福学園 |
| 4 | 大島 聡起 | 1 | 166 | 60 | 右左 | 松川(長野) |
| 5 | 箕輪 大成 | 3 | 175 | 65 | 右左 | 桑 |
| 6 | 右田 大悟 | 3 | 172 | 70 | 右右 | 城南(福岡) |
| 7 | 行木 悠聖 | 3 | 158 | 60 | 右右 | 幸福学園 |
| ⑧ | 阿部 悠矢 | 3 | 173 | 68 | 右右 | 碩田学園(大分) |
| 9 | 佐野 那祐汰 | 1 | 167 | 58 | 右右 | 幸福学園 |
| 10 | 安藤 瑠之介 | 2 | 177 | 60 | 右右 | 東(岐阜) |
| 11 | 佐野 未來 | 3 | 177 | 60 | 右右 | 幸福学園 |
| 12 | 村松 将吏 | 3 | 172 | 65 | 右右 | 幸福学園 |
| 13 | 齋藤 光 | 1 | 163 | 65 | 右右 | 幸福学園 |
| 14 | 院田 大輝 | 3 | 173 | 65 | 右右 | 幸福学園 |

幸福

## KOUFUKUNO KAGAKU GAKUEN

幸福の科学学園

## YAITA

## 矢板

部長 磯島 威　監督 若目田 聖　○キャプテン

| 背番号 | 氏名 | 学年 | 身長 | 体重 | 投打 | 出身中 |
|---|---|---|---|---|---|---|
| 1 | 吉新 拓翔 | 3 | 173 | 84 | 右右 | 今市 |
| 2 | 赤塚 唯斗 | 3 | 174 | 75 | 右右 | 氏家 |
| ③ | 永井 力翔 | 3 | 168 | 69 | 右右 | 氏家 |
| 4 | 永井 仁 | 2 | 168 | 66 | 右左 | 片岡 |
| 5 | 中村 拓資 | 3 | 166 | 72 | 右右 | 北高根沢 |
| 6 | 若色 佑斗 | 2 | 162 | 57 | 右右 | 矢板 |
| 7 | 齋藤 風雅 | 3 | 176 | 83 | 右左 | 氏家 |
| 8 | 千葉 奏音 | 3 | 174 | 69 | 右左 | 阿久津 |
| 9 | 阿久津 晃己 | 3 | 172 | 63 | 右右 | 氏家 |
| 10 | 薄井 蓮 | 3 | 168 | 60 | 右右 | 那須中央 |
| 11 | 住谷 元太 | 2 | 170 | 64 | 右右 | 矢板 |
| 12 | 針生 雄央 | 2 | 171 | 63 | 右左 | 東那須野 |
| 13 | 加藤 琥珀 | 2 | 169 | 51 | 右右 | 矢板 |
| 14 | 長谷川 悠 | 2 | 175 | 65 | 右右 | 箒根 |
| 15 | 海老澤 星矢 | 2 | 166 | 70 | 右左 | 馬頭 |
| 16 | 谷田部 拓磨 | 3 | 176 | 71 | 右右 | 上河内 |
| 17 | 増渕 伶 | 1 | 160 | 58 | 右左 | 泉 |
| 18 | 齋藤 亮磨 | 1 | 170 | 58 | 右左 | 氏家 |
| 19 | 岡本 蓮矢 | 1 | 170 | 63 | 右右 | 泉 |
| 20 | 石塚 泰平 | 1 | 182 | 102 | 右右 | 厚崎 |

## YAITA HIGASHI

## 矢板東

部長 坂本 慶　監督 折原 章夫　○キャプテン

| 背番号 | 氏名 | 学年 | 身長 | 体重 | 投打 | 出身中 |
|---|---|---|---|---|---|---|
| 1 | 手塚 航太郎 | 3 | 167 | 65 | 右右 | 矢板東高附属 |
| 2 | 舟川 秀一 | 2 | 167 | 74 | 右右 | 矢板東高附 |
| 3 | 中村 光希 | 2 | 174 | 64 | 右左 | 矢板東高附属 |
| 4 | 四ッ谷 拓士 | 2 | 162 | 54 | 右右 | 矢板東高附属 |
| 5 | 澁井 僚 | 2 | 168 | 65 | 右右 | 黒磯 |
| ⑥ | 池亀 優作 | 3 | 172 | 65 | 右右 | 矢板東高附属 |
| 7 | 生田目 大輝 | 2 | 177 | 96 | 右右 | 矢板東高附属 |
| 8 | 森田 龍一 | 3 | 173 | 67 | 右右 | 矢板東高附属 |
| 9 | 栗原 一真 | 3 | 172 | 58 | 右左 | 矢板東高附属 |
| 10 | 加藤 湊 | 2 | 172 | 59 | 右右 | 喜連川 |
| 11 | 齋藤 羽玖 | 2 | 164 | 55 | 右左 | 烏山 |
| 12 | 池亀 晋作 | 1 | 166 | 61 | 右右 | 矢板東高附属 |
| 13 | 伴瀬 拓己 | 1 | 161 | 57 | 右右 | 矢板 |
| 14 | 松岡 明希 | 1 | 172 | 52 | 右右 | 片岡 |
| 15 | 植木 猛至 | 1 | 174 | 53 | 左左 | 矢板東高附属 |
| 16 | 黒谷 翔吾 | 1 | 161 | 73 | 右右 | 湯津上 |
| 17 | 工藤 柊弥 | 1 | 172 | 77 | 右左 | 南那須 |

## YAITA CHUO

## 矢板中央

部長 土屋 弘　監督 黒田 純一　○キャプテン

| 背番号 | 氏名 | 学年 | 身長 | 体重 | 投打 | 出身中 |
|---|---|---|---|---|---|---|
| 1 | 菅野 匠未 | 3 | 180 | 84 | 右右 | 黒磯北 |
| ② | 安達 國生 | 3 | 181 | 84 | 右右 | 塩谷 |
| 3 | 平山 綾恩 | 3 | 161 | 70 | 右右 | 日新 |
| 4 | 森島 広之翼 | 3 | 170 | 58 | 右右 | 野崎 |
| 5 | 小山田 玲央 | 3 | 164 | 70 | 右右 | 東那須野 |
| 6 | 和気 悠飛 | 3 | 170 | 66 | 右左 | 三島 |
| 7 | 菊池 幸人 | 3 | 168 | 60 | 右右 | 黒羽 |
| 8 | 齋藤 司 | 3 | 171 | 60 | 右左 | 田原 |
| 9 | 渡邉 涼介 | 2 | 161 | 56 | 右右 | 旭 |
| 10 | 安積 昂明 | 2 | 177 | 77 | 右右 | 旭 |
| 11 | 田中 虹輝 | 3 | 165 | 67 | 左左 | 美田 |
| 12 | 池澤 叶多 | 2 | 175 | 65 | 右右 | 野崎 |
| 13 | 増田 誠也 | 3 | 166 | 59 | 右左 | 陽北 |
| 14 | 奥山 龍聖 | 2 | 165 | 56 | 右左 | 阿久津 |
| 15 | 和氣 哲心 | 3 | 173 | 71 | 右右 | 片岡 |
| 16 | 小瀬 陽大 | 2 | 167 | 67 | 右左 | 陽南 |
| 17 | 秋元 夢希 | 3 | 164 | 65 | 右左 | 若草 |
| 18 | 角田 陽生 | 3 | 172 | 60 | 右左 | 日新 |
| 19 | 金田 悠斗 | 2 | 180 | 68 | 右右 | 氏家 |
| 20 | 山口 郁歩貴 | 3 | 167 | 66 | 右右 | 金田北 |

スプライド特別号

# とちぎ白球賛歌 甲子園への軌跡 2021

2021年8月6日　初版第１刷　発行

## STAFF


| | |
|---|---|
| 編集・発行 | 下野新聞社<br>〒320-8686　栃木県宇都宮市昭和１-8-11<br>TEL.028-625-1135（コンテンツ創造部）<br>https://www.shimotsuke.co.jp |
| 文・写真 | 下野新聞社　運動部<br>下野新聞社　写真映像部 |
| アートディレクター | 宇梶敏子（Teetz） |
| デザイナー | 大橋敏明（スタジオオオハシ制作） |
| 印刷・製本 | 株式会社　井上総合印刷 |